ALÉM DA LIBERDADE

ALÉM DA LIBERDADE

Anotações Críticas do *Desenvolvimento como Liberdade* de Amartya Sen

FLAVIO COMIM

Imagem da capa

O semeador, de Vincent van Gogh, pintado em junho de 1888. Atualmente no Museu Kröller-Müller na Holanda. Imagem de domínio público no WikiArt.

Revisão

Denise De Sordi

Comim, Flavio, 1966 –

Além da liberdade: anotações críticas do Desenvolvimento como Liberdade de Amartya Sen / Flavio Comim

ISBN: 9798742219323

1. Amartya Sen e Abordagem das Capacitações   2. Desenvolvimento Humano

---

SOBRE A IMAGEM DA CAPA

A imagem que aparece na capa desse livro, chamada *O Semeador*, de Vincent van Gogh, pintada em junho de 1988, faz parte de uma série de pinturas e desenhos que ele fez com os quais tentava capturar um quadro que o fascinou quase vinte anos antes feito por Jean-François Millet. É incrível como van Gogh conseguiu representar com as cores os sentimentos do semear e da perseverança do trabalho duro bem como da alegria do colher. Van Gogh via nessa figura antes de mais nada uma mensagem de esperança.

A escuridão não pode expulsar a escuridão, somente a luz pode fazer isso. O ódio não pode expulsar o ódio, somente o amor pode fazer isso.

Martin Luther King, Jr, "*Strength to Love*", 1963

SUMÁRIO

PREFÁCIO 13

INTRODUÇÃO 17

1. LIBERDADES E CAPACITAÇÕES 28

2. OS FINS DO DESENVOLVIMENTO 49

3. ALÉM DO UTILITARISMO 59

4. POBREZA COMO PRIVAÇÃO DE CAPACITAÇÕES 81

5. A FALÁCIA DO DEBATE ESTADO *VERSUS* MERCADOS 88

6. DEMOCRACIA E DESENVOLVIMENTO 101

7. FOME GENERALIZADA E OUTRAS CRISES 106

8. SEM MULHERES NÃO HÁ DESENVOLVIMENTO 118

9. FOME *VERSUS* DIREITOS REPRODUTIVOS? 125

10. EM DEFESA DOS DIREITOS HUMANOS 131

11. ESCOLHA SOCIAL E COMPORTAMENTO INDIVIDUAL 139

12. LIBERDADE, RESPONSABILIDADE E AS 10 MÁXIMAS DE SEN ... 158

13. OPERACIONALIZANDO A ABORDAGEM DAS CAPACITAÇÕES ... 164

14. ALÉM DA LIBERDADE 179

REFERÊNCIAS 190

LISTA DE FIGURAS

Figura 1 - Pluralismo para Sen   18

Figura 2 - Formas de opressão   31

Figura 3 - Resultados finalísticos e abrangentes   32

Figura 4 - Liberdades individuais e arranjos sociais   46

Figura 5 - Liberdades substantivas ou básicas   50

Figura 6 - Tipos de sucesso   57

Figura 7 - A diversidade humana   70

Figura 8 - Crenças e políticas sociais   85

Figura 9 - Problemas com focalização de gastos públicos   99

Figura 10 - Os componentes dos intitulamentos   107

Figura 11 - Pró-atividade da política pública   112

Figura 12 - A segurança protetora da democracia   115

Figura 13 - Agência e Bem-estar   119

Figura 14 - Críticas aos direitos humanos   132

Figura 15 - Preferências e Valores para Arrow   145

Figura 16 - Níveis de complexidade na mensuração de capacitações   167

LISTA DE QUADROS

Quadro 1 - Afinal de contas, o que é "capability"? E qual a melhor tradução?   19

Quadro 2 – Nossas experiências: a história de Kader Mia   25

Quadro 3 - Capacitações e agência   34

Quadro 4 - A formalização das capacitações   37

Quadro 5 - *Opesionalising, Oprosnalising...Op*! A abordagem das capacitações   43

Quadro 6 - Sen, Rawls e eu perdido no cemitério   53

Quadro 7 - O utilitarismo   62

Quadro 8 - A maldição de pagar três vezes pelos serviços públicos no Brasil   73

Quadro 9 - Como Sen fala   74

Quadro 10 - A importância da cerveja   82

Quadro 11 - O Ótimo de Pareto   91

Quadro 12 - Exemplo: A economia do bem-estar da atenção médica   94

Quadro 13 - A fome generalizada na Irlanda nos anos da década de 1840   113

Quadro 14 - Gillette e a masculinidade tóxica   122

Quadro 15 - Direitos e Agência   126

Quadro 16 - O teorema da impossibilidade de Arrow   141

Quadro 17 - "Tolos racionais": a diferença entre simpatia e compromisso   152

Quadro 18 - O Resumo final: as 10 máximas de Sen   160

LISTA DE TABELAS

Tabela 1 – Liberdades Instrumentais no DL   27

Tabela 2 - Comparando expectativas de vida   41

Tabela 3 - Bens primários e liberdades instrumentais   52

Tabela 4 - O trabalho, a flauta e seus princípios   60

Tabela 5 - Fomes generalizadas (ou em massa) desde 1974   110

Tabela 6 - O paradoxo do voto   140

Tabela 7 - Heurísticas   174

PREFÁCIO

Há vinte anos organizo grupos de leitura como parte das minhas atividades de pesquisador no *St Edmund's College*, na Universidade de Cambridge. Esse foi o *college* onde fiz o meu mestrado e o meu doutorado em Economia e onde, até o momento dessa escrita, continuo vinculado como pesquisador associado ao *Von Hugel Institute*. A tônica destes grupos de leitura, quase sempre organizados no termo *Lent* de Cambridge (de meados de janeiro a começo de março), é dada por livros relacionados ao desenvolvimento humano e à abordagem das capacitações de Amartya Sen e Martha Nussbaum. O primeiro livro trabalhado foi "Desenvolvimento como Liberdade" do Amartya Sen. Vinte anos depois, em meio a pandemia de COVID-19 e em ambiente *online*, reunimos vários participantes de formações anteriores dos grupos para reler este livro.

Os grupos de leitura são uma experiência maravilhosa em minha vida. Com

os grupos, compreendi que antes de conversarmos sobre algo devemos nos preparar. Aprendi que escutar é uma parte muito importante do diálogo. Entendi que é discordando – de maneira franca e honesta - que a gente verdadeiramente se entende. E que o conhecimento surge de um esforço coletivo. Muito além do conhecimento em cada livro, o ambiente destes grupos me permitiu cultivar as virtudes acadêmicas de tolerância, engajamento e respeito pelos colegas.

Na linguagem do Sen, posso dizer que os grupos de leitura tiveram um valor intrínseco - ou constitutivo - muito grande em minha vida. No entanto, sempre fiquei em dívida quanto ao seu valor instrumental. Usei pouco ou quase nada para minha pesquisa direta e os resultados nunca foram dignos do nome deles. Uma exceção foi o *"There is a better way"*, quadrinhos do "Desenvolvimento como Liberdade" que fiz em 2003, em colaboração com Terry Hirst (um ícone dos quadrinhos dos direitos humanos na luta pela liberação do Quênia), Davinder Lamba (do *Mazingira Institute* de Nairobi) e Anantha Duraiappah (do *International Institute of Sustainable Development* do Canadá). Na época, Sen nos contou que enviou os quadrinhos a sua mãe (que ainda estava viva) na Índia e que ela teria dito: "muito bacana meu filho, finalmente entendi o que você anda fazendo!".

"Além da Liberdade" é um livro que pretende ser um guia introdutório de estudos para o pensamento do Sen, organizado ao redor do seu grande *best-seller*. O propósito é relacionar os temas discutidos no seu livro a outras questões tratadas por ele ao longo de sua obra. Para isso é importante tentar destrinchar alguns campos de debate dentro dos quais o pensamento de Sen se insere bem como qualificar pontos que muitas vezes são apresentados de forma incompleta ou equivocada na literatura secundária. Com isso, esse livro tenta estabelecer elos de comunicação com um público mais amplo, interessado nas ideias de Amartya Sen, sua visão de desenvolvimento humano e social. Esse livro faz também um resgate da minha maneira de dar aulas combinando teorias com fatos e algumas histórias pessoais, para fazer chegar às pessoas alguns conceitos que podem parecer muito complexos, mas que são, na verdade, simples. O foco deste livro é a obra de Amartya Sen, em uma abordagem que considera também as dimensões teóricas apresentadas por Martha Nussbaum.

Este livro é o registro do resultado de minhas reflexões sobre o desenvolvimento humano e a abordagem das capacitações, elaboradas durante um período de vinte anos, e agora influenciadas pelos debates provenientes da releitura de "Desenvolvimento como Liberdade". Por isso, devo avisar que em todos os capítulos há elementos autobiográficos que são usados para ilustrar conceitos, ou simplesmente a título de curiosidade. Considero estar longe de esgotar aqui todas as histórias que gostaria de contar, mas já é um princípio. Acho que alguns ex-alunos meus, que por ventura tenham a coragem de ler esse livro, ficarão surpresos com algumas dessas histórias, algumas nunca antes contadas em nenhuma aula sobre o Sen.

A proposta de ir "além da liberdade" incorpora assim três objetivos principais. O primeiro e mais modesto, mas não menos importante, é o de traduzir da maneira mais simples possível os conceitos tratados no "Desenvolvimento como Liberdade". O segundo objetivo é manter um posicionamento crítico em relação aos diversos temas tratados no pensamento de Sen. Por fim, o terceiro objetivo é ir além da liberdade, no sentido de adicionar novas temáticas que ajustem a contribuição de Sen aos tempos em que vivemos.

Um esclarecimento metodológico importante: esse livro trilha o "Desenvolvimento como Liberdade", capítulo por capítulo, examinando, analisando, explicando cada uma das temáticas e sempre que possível contextualizando-as dentro da obra de Sen. Alguns capítulos têm o mesmo nome. Outros destacam elementos diferenciados, mas sem deixar de abordar os temas levantados por Sen nos respectivos capítulos.

Lá no final desse livro, faço um "puxadinho" e desenvolvo dois capítulos originais que introduzem temas que têm sido importantes para mim desde o início do meu trabalho nessa área. O primeiro é sobre a operacionalização da abordagem das capacitações. O segundo trata da importância do pluralismo ético dentro do trabalho de Sen. Os dois temas aparecem de forma introdutória aqui, mas quem tiver interesse pode puxar esse fio em outros artigos e livros que tenho escrito.

Registro o meu mais profundo agradecimento a todas as pessoas que participaram dos grupos de leitura ao longo dessas duas décadas. Em particular, aos que estiveram nessa última edição de 2021. Agradeço a Izete Bagolin, Renata

Henriques, Mateus Labrunie, Amna Ansari, Yuko Kamishima, P.B. Anand, Tadashi Hirai, Sarada Moyee, Gay Meeks, Georgina Curto, Joe Inguanez, Kohei Watanabe, Arne Moritz, Shailaja Fennell, Caroline Hart, Frances Image, Cristina Devecchi, Toru Yamamori, Emilia Kowalewska, Emraan Azad. Foram os debates com estas pessoas que ajudaram a tornar mais claros os conceitos apresentados neste livro. Agradeço também imensamente a Denise De Sordi não apenas pela sua revisão gramatical, mas pelas excelentes sugestões editoriais. Claro que nenhuma das pessoas citadas aqui têm qualquer culpa ou responsabilidade pelas falhas que possam aparecer nessas páginas, têm somente a minha gratidão.

INTRODUÇÃO

"Desenvolvimento" é uma palavra equívoca. Significa coisas diferentes para pessoas diferentes. Para os economistas significa crescimento de renda, agregada (produto interno bruto, PIB) ou per capita. Para educadores pode significar melhores realizações educacionais em termos de matrículas, notas dos alunos, satisfação dos professores etc.. Para o pessoal da saúde pode indicar uma maior e melhor expectativa de vida, infraestrutura hospitalar e de saúde adequada, melhor nutrição, atividades físicas etc.. Para planejadores urbanos, pode ser o equivalente a mais e melhores condições de infraestrutura, habitação e transporte para a população, moradia digna onde as necessidades sanitárias e morais das pessoas possam ser satisfeitas, como se sentir seguro em sua própria casa. Para cientistas políticos, desenvolvimento significa condições institucionais consolidadas para a efetiva participação da cidadania na definição de seu destino coletivo.

Poderia continuar dando mais exemplos, alguns melhores, outros piores, mas meu ponto é ilustrar que parte da razão pela qual "desenvolvimento" é uma expressão equívoca é porque é multidimensional. Como tal, uma expressão plural não pode ser expressa por uma única característica ou definição dos processos que visa descrever.[1] De maneira sistemática, poderíamos dizer que Sen é pluralista em quatro sentidos específicos, como ilustra a Figura 1. Este pluralismo é a primeira característica que precisamos ter em mente ao abrir as primeiras páginas do "Desenvolvimento como Liberdade" (a partir de agora indicado pelas iniciais DL).

Sen é pluralista em vários sentidos muito concretos. Talvez o maior deles seja de que ele é pluralista sobre os 'sentimentos morais' que caracterizam a humanidade. Mas o que isso quer dizer? Sentimentos morais plurais dizem que as

---

[1] Um aviso: nesse livro trato multidimensionalidade e pluralidade indistintamente, mas, na verdade, são conceitos diferentes. Multidimensionalidade é uma expressão bem mais restrita à várias dimensões, enquanto pluralismo é bem mais geral.

pessoas são motivadas ética e psicologicamente não apenas pelo auto-interesse, ou egoísmo, mas também por sentimentos de solidariedade e compaixão. Nesse sentido, ele é um seguidor de Adam Smith, em seu "Teoria dos Sentimentos Morais" (1976). Bom, isso não é segredo para ninguém.

Figura 1 - Pluralismo para Sen

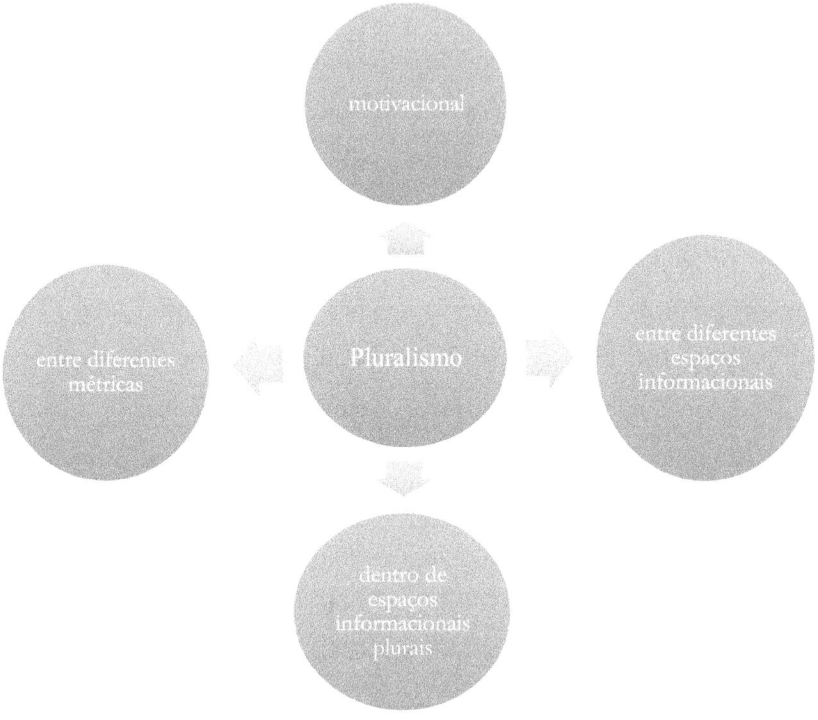

No entanto, no início do DL Sen é pluralista em um sentido bem mais específico. Ele é pluralista no sentido informacional vinculado a avaliações de bem-estar de indivíduos e sociedades. Em outras palavras, para saber se uma pessoa tem uma boa vida ou não, ou se uma sociedade está indo bem ou não, é necessário olhar não somente para os recursos que ela tem a sua disposição ou seu estado subjetivo - do que sentem e dizem as pessoas sobre sua situação - mas para as suas capacitações. Isto é, para o conjunto de liberdades substantivas que ela possui.

Temos também outro tipo de pluralismo que é o pluralismo dentro daqueles espaços que permitem o pluralismo, como os espaços de capacitações ou de bens primários. O mesmo não acontece dentro do espaço informacional dos recursos ou do bem-estar subjetivo ou utilidade. Essa linguagem é um pouco nebulosa, por isso necessita ser melhor explicada. Mas antes disso comento um quarto tipo de pluralismo de Sen que ocorre dentro de diferentes medidas.

O pluralismo de métrica acontece porque nem sempre podemos saber tudo sobre o que temos em volta. Nem sempre podemos ordenar ou comparar todas as situações nas quais vivemos. Às vezes, apenas sabemos que uma coisa é pior que outra, sem a possibilidade de compará-la com uma terceira situação. Ou algumas vezes podemos ter critérios diferentes que quando cruzados nos dão uma ideia mais sólida sobre o que devemos acreditar. O pluralismo de métrica é uma das dimensões menos discutidas na parte do trabalho de Sen relacionada ao desenvolvimento humano. Ela provém do seu trabalho sobre escolha social. Mas não podemos deixar de notar esse aspecto.

Quadro 1 - Afinal de contas, o que é "capability"? E qual a melhor tradução?

Existem três tipos de respostas a essa pergunta. Podemos responder formalmente, filosoficamente ou em termos práticos. *Formalmente*, "capability" é a junção de duas palavras: "capacity" e "ability". Ou seja, *capability* trata da habilidade que as pessoas têm em desenvolverem suas capacidades. Essa resposta faz muito sentido conceitual, pois abre espaço para o conceito de agência e para a noção de que as pessoas devem poder escolher e ser senhores e senhoras do seu próprio desenvolvimento e destino. *Filosoficamente, capability* é um tipo de liberdade, ou melhor dizendo "liberdades", pois Sen é um pluralista. É interessante notar que no inglês ele sempre usa a palavra *freedom* mas não a palavra *liberty*, possivelmente para engajar com certos interlocutores que também usam essa mesma palavra. Mas no português, não distinguimos estas palavras. Essas liberdades são, para Sen, tanto instrumentais, ou seja, que você usa para conseguir outras coisas, quanto constitutivas, isso é, que são importantes nelas mesmas. Por fim, *em termos práticos*, a *capability* é um conjunto de funcionamentos, isto é, aquilo que as pessoas podem ser ou fazer. Mais exatamente, temos que imaginar que pessoas têm conjuntos de coisas (que podemos chamar de vetores ou "listinhas", se quisermos ser muito informais) que elas podem ser e fazer e que a liberdade de escolha entre esses cenários alternativos é o que representaria a *capability* de uma pessoa.

Vamos trabalhar melhor esse conceito durante toda a nossa discussão. Mas qual seria a melhor forma de traduzi-lo ao português? Se *capability* é *capacity* + *ability* então, em português, seria algo como capacidade + habilidade igual a "capabilidade"? Essa é uma tradução possível. Seguramente melhor do que a tradução ao português nas obras de Sen, nas quais *capability* é traduzida simplesmente como "capacidade", claramente falta algo nesta tradução simplificada que permita diferenciar o conceito introduzido por Sen.

Uma outra opção, que eu pessoalmente tenho favorecido ao longo dos anos, é o conceito de "capacitação", pois é diferente o suficiente de capacidade, destaca o elemento Aristotélico de ação presente no conceito e tem um sabor único nosso, já que só em português temos palavras terminadas em "ão". O importante, no fundo, não é a palavra específica que você decide usar, mas sim, saber o que ela significa e fazer um bom uso dela. No caso de "capacitação" ou "capacitações", lembre que há um elemento de liberdades substantivas que são importantes não apenas pelo o que produzem, mas também pelo o que são para os indivíduos, e outro elemento que podemos chamar de agência, autonomia, escolha ou mesmo 'protagonismo', como diria Paulo Freire.

Conto uma história. Há muitos anos atrás, apenas lembro que era um mês de junho, o professor Sen me convidou para almoçar no seu *college*, o Trinity. No *college* mais rico de Cambridge, a comida dos *fellows* era muito boa, destoando da norma dos outros *colleges*. Lembro por exemplo que a cenoura não era super-cozida. Eu sempre ficava um pouco nervoso em ir a alguns desses almoços, pois além de conversar com o professor Sen, que é uma pessoa muito amável, sempre tinha que interagir com algum *fellow* do Trinity, algum físico ou químico brilhante na lista de espera para ganhar o prêmio Nobel, o que nem sempre era fácil. Lembro que nesse almoço de junho, já levando em conta que conhecia o professor Sen por mais de dez anos, reclamei que o nome que ele escolheu para o conceito chave de sua abordagem, *capabilities* não era uma escolha muito feliz e que nas línguas latinas quase todo mundo traduzia por "capacidade". Ele concordou que não tinha sido a melhor das escolhas, mas disse que essa conjunção de palavras, como mencionei acima, possibilita que ele fale em "habilidade como autonomia" e que esse era o elemento chave no que ele queria dizer.

Antes de entrar nos primeiros capítulos do DL, queria fazer algumas considerações sobre o que Sen diz no prefácio do seu livro. Ele abre o livro caracterizando o mundo que vivemos. Fala de um mundo de opulência sem precedentes, que é também um mundo de privações consideráveis e de muita opressão. Traz o leitor para o campo dos problemas e diz que para que eles possam ser resolvidos precisamos dar a devida atenção para a "agência individual" das pessoas. Ele qualifica: claro que essa agência individual é tanto afetada como restrita pelas oportunidades sociais, políticas e econômicas que estão disponíveis para as pessoas. Mas enfatiza que essa complementaridade entre a autonomia dos indivíduos e os arranjos sociais tem que ser discutida. Ele lembra aqui uma

21

discussão antiga, mas importante que ocorre nas ciências sociais, feita, por exemplo, por Anthony Giddens (1984) na sua "teoria da estruturação", segundo a qual a reprodução de sistemas sociais acontece através da interação entre estrutura social e agência dos indivíduos.

Também gostaria de dizer algumas palavras sobre a introdução do DL. De certo modo, há um *overlap* entre a introdução e o capítulo 1 onde o principal mecanismo da abordagem é exposto. Sen começa justificando a sua perspectiva de desenvolvimento como expansão de liberdades, argumentando que:

1)   Ela oferece uma visão mais ampla de desenvolvimento, que contrasta com a visão mais restrita de desenvolvimento como crescimento econômico ou industrialização apenas;

2)   Ela foca nos fins do desenvolvimento ao invés de tratar apenas os meios para consegui-lo;

3)   Ela propicia concentrar no desenvolvimento como uma remoção das fontes principais de falta de liberdades, tais como a pobreza, a falta de liberdade política, falta de serviços públicos ou mesmo a tirania política.

É muito interessante notar aqui o grau de consistência apresentado por Sen como um pensador. Essas três justificativas que aparecem na introdução do DL constituem eixos analíticos presentes em toda a sua obra. Em particular, o ponto 3 deu origem ao seu livro *"The Idea of Justice"*, 10 anos depois da publicação do DL, no qual ele critica a perspectiva de justiça de Rawls por focar na promoção de um "institucionalismo transcendental", ao invés de concentrar-se na remoção das injustiças no mundo.

Sen antecipa duas razões pelas quais a liberdade é central para o processo de desenvolvimento, quais sejam, a *razão avaliativa* e a *razão de efetividade*. Na sua obra, muitas vezes, quando ele trata da questão avaliativa, há um problema pois não há um critério último a que se refere e que seja de sentido comum. Explico: muitas vezes falamos em "qualidade-de-vida" ou "bem-estar' das pessoas quando queremos explicar como elas estão. Mas essas expressões não são suficientes na obra de Sen para descrever como as pessoas estão. Para ele, há uma separação analítica entre categorias de bem-estar e categorias de autonomia individual. Claro, a ideia de liberdade ou liberdades pretende ser esse guarda-chuva que engloba ambas classes, mas na prática ele usa muito a palavra "vantagem" (*advantage*) para se referir a esse conceito mais amplo de como as pessoas estão do ponto de vista avaliativo. No DL ele usa também a palavra "avaliação do progresso das pessoas".

Por outro lado, para avaliar a efetividade, segundo Sen, deve-se levar em consideração as conexões empíricas, principalmente as existentes entre liberdades de diferentes tipos. Isso é algo que ele faz muito em seu trabalho empírico como, por exemplo, no livro *"An Uncertain Glory: India and its Contradictions"*, escrito junto com Jean Drèze, em 2013. Mas Sen nunca mostrou de forma sistemática em suas análises como explorar as conexões entre diferentes liberdades. Ou seja, ele nunca quis apresentar um *método* de trabalho que pudesse ser usado como uma ferramenta por pesquisadores. Ao invés disso, propôs diversas abordagens, como a das capacitações, que são abordagens pois constituem um *conjunto de princípios* e não uma mecânica operativa. Isso foi uma clara escolha metodológica de Sen, fundamentada no seu entendimento de que raciocínios mecânicos são ferramentas de pouca utilidade. Ele parece seguir aquela velha máxima Aristotélica de que avaliações éticas são "como receitas detalhadas de pratos complicados", onde as particularidades das situações determinam os julgamentos práticos relevantes.

Também na introdução de DL, Sen expande a ideia de agência ao argumentar que ela é nela mesma uma parte constitutiva do desenvolvimento. Há um ponto interessante, levantado por Tadashi Hirai em nosso grupo de leitura, sobre as diferenças entre as expressões usadas por Sen para descrever esse elemento constitutivo. Vale notar que mais adiante no livro, Sen fala de "valor intrínseco" quando se refere ao valor constitutivo de algo. Mas notar esse valor constitutivo não é suficiente. Para Sen é importante explorar a relação entre a liberdade individual e o desenvolvimento social.

O argumento é simples: o que as pessoas podem conseguir é influenciado pelas suas circunstâncias econômicas e sociais. Parece haver uma co-determinação aqui *à la* Giddens (1984), onde o funcionamento das instituições é influenciado pelo exercício das liberdades das pessoas através da sua participação na *escolha social* necessária para as decisões públicas. Ou seja, está tudo junto e misturado! Mas há um ponto essencial aqui: as pessoas, através de sua participação na escolha social, podem ajudar a definir as estruturas.

Aquele Sen, que é individualista metodológico do ponto de vista da avaliação, passa a ser um Sen mais próximo da sociologia quando oferece um pouco de teoria de formação das instituições. Voltaremos muitas vezes a esse mesmo ponto, pois entender a importância da escolha social no trabalho de Sen é essencial para compreender quase toda a sua obra.

Sen antecipa também na introdução do DL como os meios do desenvolvimento são analiticamente diferentes dos seus fins, e como o desenvolvimento tem mais a ver com a promoção desses fins, tais como oportunidades de ter uma educação básica ou liberdade de participação política, do que com a de seus meios, como a industrialização ou o crescimento do PIB. O argumento é de natureza empírica: ao olhar para países diferentes não há um *matching* perfeito entre recursos e liberdades (ele dá o exemplo da expectativa de vida). Para Sen esse é um ponto que deveria interessar não somente aos países em desenvolvimento como também aos países desenvolvidos. De fato, ele argumenta que a análise do desenvolvimento é relevante para os países ricos e que muito pode ser visto com o contraste entre grupos.

Na mesma linha de antecipar o que será desenvolvido ao longo do livro, neste ponto, Sen trata pela primeira vez da questão dos mercados. O argumento dele é que os mercados devem ser vistos não apenas do ponto de vista instrumental, ou seja, da perspectiva avaliativa de suas consequências, mas sim de um ponto de vista constitutivo, como uma expressão da humanidade das pessoas. Ele argumenta que, de modo geral, alguém não deveria ser contra "mercados" pois isso seria como se alguém fosse contrário à troca de ideias (ou conversas) entre as pessoas. Para Sen, mercados são parte do modo como as pessoas vivem em sociedade e de como elas interagem entre si.   A visão de Sen sobre mercados parece muito ingênua aqui, pois mercados podem sofrer várias imperfeições e podem inclusive oprimir as pessoas em situações dramáticas. Michael Sandel, no livro *"Justice"* (2009) trata desses casos em eventos relativamente recentes, onde pessoas foram extorquidas em situações de desastres ambientais. Esse é um ponto que merece uma melhor reflexão, mas como Sen desenvolve melhor essa questão no capítulo 1, esperamos até lá para adicionar essas qualificações.

Quadro 2 – Nossas experiências: a história de Kader Mia

Sen teve um trauma na infância. Ele conta que quando tinha mais ou menos 10 anos e brincava no jardim da sua casa na cidade de Daca, hoje a capital de Bangladesh, viu um dia um homem gritando por ajuda e sangrando muito na porta da sua casa. O homem, que era muçulmano, tinha sido esfaqueado pelas costas por uma *gang* de hindus. Eram tempos de protestos violentos entre muçulmanos e hindus, e a esposa desse homem chamado Kader Mia havia lhe pedido que não fosse nessa parte da cidade onde residiam mais hindus. Mas o homem não tinha escolha, pois não tinha o que comer em casa. O menino Sen deu água ao homem, gritou por ajuda até que o levaram ao hospital. Kader Mia morreu no hospital. Pagou com a sua vida pela falta de liberdades. Sen confessa em DL que essa foi uma experiência devastadora para ele, que o ensinou a desconfiar do peso daquelas identidades pessoais que são estreitamente definidas de acordo ao pertencimento a grupos e comunidades específicas. No contexto do livro, ele contou esse caso para mostrar como a pobreza, ou seja, a falta de liberdade econômica de Kader Mia, pode levar a falta de liberdade social e política, reforçando a falta de liberdade econômica. Esse caso mostra como grandes intelectuais, como Sen, podem ter suas trajetórias marcadas pelas suas experiências individuais e pelas circunstâncias históricas nas quais viveram e vivem.

Sen introduz a ideia de valores sociais que podem ser compartilhados. Influenciando características sociais como a igualdade de gênero, tamanho das famílias, corrupção ou mesmo o grau de confiança que as pessoas exercem nas suas relações políticas e econômicas. Assim como antes, ele parece ter aqui um modelo de co-determinação *à la* Giddens (1984). Por um lado, o exercício da autonomia das pessoas é intermediado pelos seus valores, mas esses valores são em parte definidos por suas discussões públicas e interações sociais. Existem várias conexões a serem exploradas na teoria social de Sen.

Antes de terminar meus comentários à introdução do DL, gostaria de notar que Sen, meio que do nada, trata pela segunda vez no seu livro das "liberdades instrumentais", um conceito importante para as políticas públicas, pois coloca em evidência as intervenções possíveis e os impactos esperados para a promoção do desenvolvimento.

Contudo, cabe notar, tal como mencionado no grupo de leitura por P.B. Anand, que Sen não parece muito consistente na enumeração dessas liberdades instrumentais. Assim, achei interessante fazer a tabela abaixo para que possamos comparar não somente a natureza das expressões utilizadas, mas a ordem na qual Sen introduz essas liberdades. Elas têm um jeitão de bens primários - bens de caráter geral que todas as pessoas desejam – tal como proposto por John Rawls (2001).

De fato, bens primários são direitos, liberdades, oportunidades e meios distribuídos pelas instituições que fazem com que as pessoas possam ser consideradas, na linguagem de Rawls, como 'livres e iguais'. Sem estes bens primários, as pessoas não podem participar na sociedade ajudando de forma imparcial na construção de seus princípios constitucionais. Algumas liberdades instrumentais parecem ter essa estrutura analítica, como ilustrado na Tabela 1. Mas é melhor discutir isso em detalhes mais adiante, quando Sen explica propriamente o conceito de liberdades instrumentais.

Tabela 1 – Liberdades Instrumentais no DL

Prefácio	Introdução	Capítulo 2
Oportunidades econômicas	Liberdades políticas	Liberdades políticas
Liberdades políticas	Meios econômicos	Meios econômicos
Meios sociais	Oportunidades sociais	Oportunidades sociais
Garantias de transparência	Garantias de transparência	Garantias de transparência
Segurança protetora	Segurança protetora	Segurança protetora

Juntos, o prefácio e a introdução parecem não somente repetitivos, mas redundantes em vista dos capítulos 1 e 2. A impressão é que Sen está explorando as mesmas questões, com os mesmos instrumentos, mas olhando para elas de modo distinto nos diferentes capítulos introdutórios.

CAPÍTULO 1

LIBERDADES E CAPACITAÇÕES

A grande batalha empreendida por Sen nos primeiros capítulos de DL é convencer seus leitores de que uma visão de desenvolvimento centrada na promoção da renda é incompleta. Sen não diz que a renda não é importante, apenas diz que não é suficiente. Esse ponto é essencial para ele, pois somente a partir disso estabelecido é que se pode tratar dos fins do desenvolvimento centrado nas liberdades que ele chama de *substantivas*. Ele chega a ser muito repetitivo, de modo que sua introdução apresenta esse argumento, o capítulo 1 trata disso também (citando um texto de origem em sânscrito e a *Ética a Nicômaco* de Aristóteles) e o capítulo 2 sobre os "meios e os fins" do desenvolvimento... foca igualmente nessa discussão.

Parte do argumento do Sen é estatístico. Depende unicamente da correlação empírica entre recursos de renda ou riqueza e de realizações pessoais e sociais. Será que existe alguma relação entre rendas e a habilidade que as pessoas têm de viver como desejam? Depende. Será que as mercadorias podem ser transformadas em capacitações? Depende. Será que a riqueza pode ser traduzida em uma vida melhor? Depende. Como tal, Sen reconhece a existência da conexão entre opulência e realizações, mas argumenta que essa associação pode ser forte ou fraca e que é marcada por circunstâncias que podem ser mais ou menos contingentes.

Cabe notar, no entanto, que a outra parte do argumento é conceitual. Conto uma história. Durante muitos anos quando dava aula sobre esse ponto, sempre iniciava perguntando aos alunos se conheciam a história do Rei Midas. O interessante é que existiram vários reis com esse nome, como por exemplo o Midas da Frígia (Yassihuyuk, na Turquia). Mas o mais relevante é o mito sobre o "toque de Midas" que vem da mitologia grega. A história é mais ou menos assim. O Rei Midas era muito rico. Vivia no seu castelo com sua filha. No entanto, apesar de toda sua riqueza, tinha uma obsessão ao ouro, tanto que um de seus passatempos era contar moedas de ouro. Um dia, o pai de criação de Baco (ou Dionísio) chamado Sileno se perdeu no meio de um passeio (dizem que foi porque o velho bebeu demais!) e foi levado por camponeses até Midas. Midas o tratou com toda a hospitalidade e respeito que merecia por dez dias e depois o devolveu ao seu filho. Baco, muito agradecido, ofereceu satisfazer qualquer desejo que Midas tivesse e esse escolheu, como você já sabe, que tudo que ele tocasse virasse ouro. Baco sabia a fria na qual Midas entraria, mas, de qualquer forma, consentiu. Os primeiros momentos de Midas, tocando galhos e pedras foram gloriosos, mas tudo mudou na hora de comer quando notou que o pão virava também ouro, assim como o vinho. Para piorar a situação, sua filha também virou ouro ao tocá-lo. Encurtando a história, que inclui o desespero de Midas para tentar se livrar desse poder, ele acabou voltando a Baco, que sendo muito generoso, informou que a água corrente desfazia o toque, incluindo o que já havia sido transformado em ouro. Depois desse episódio, Midas mudou de vida.

Essa história fornece uma ilustração muito clara do que são meios e do que são fins do desenvolvimento. O ouro é apenas um meio e vale pouco ou nada se não puder ser convertido no que realmente importa. De fato, essa história também nos convida a pensar sobre aquelas coisas simples e importantíssimas na vida, como a nutrição e a companhia das pessoas que amamos. Juntos, esses argumentos - parte empíricos e parte conceituais - são importantes para que passemos a falar dos fins do desenvolvimento, que são essencialmente plurais. Mas isso não significa que os recursos (na história do Midas representada pelo ouro) sejam desconsiderados de todo por Sen.

Em uma passagem que não dei a mínima importância quando li o livro pela primeira vez, Sen argumenta que as pessoas de fato têm razões "excelentes" para querer mais renda ou mais riqueza, não por si mesmas, mas porque elas são "meios de propósito geral admiráveis" que possibilitam que as pessoas levem o tipo de vida que elas querem. Note como essa expressão, "meio de propósito geral" é essencialmente Rawlsiana, em referência aos bens primários.

Esse é um ponto que hoje me parece fundamental. É como se fosse a agulha no palheiro. Fica perdido no meio dos capítulos iniciais do DL que remam na direção oposta, de caracterização da renda "apenas" como um meio. Mas Sen reconhece sua importância e talvez devêssemos dedicar mais atenção às motivações que as pessoas têm para lutar por essa liberdade. Isto não significa que esta seja a única motivação que oriente as condutas dos indivíduos. Pelo contrário. Como disse na Introdução, Sen é um pluralista, principalmente no sentido motivacional. Devemos reconhecer que a busca pela afluência material é uma dentre tantas outras que orientam nossas vidas. Também é verdade que a sua influência não é uniforme. Uma frase que resume bem o pensamento do Sen sobre a questão dos recursos é: "É tão importante reconhecer o papel crucial da riqueza na determinação das condições de vida e da qualidade de vida quanto entender a natureza *contingente e qualificada* dessa relação" (SEN, 1999, p.14. *Grifos meus*).

O importante para Sen é entender onde cada coisa se encaixa, onde meios e fins se juntam para caracterizar o processo de desenvolvimento. Por isso não podemos falar somente em meios. O processo de expansão de liberdades para Sen deve contemplar julgamentos de natureza ética, uma vez que trata daquelas liberdades "que temos razão para valorizar", e não qualquer liberdade. Na realidade, o desenvolvimento trata mais da superação de inúmeras privações e opressões (Figura 2) do que da promoção das liberdades gerais das pessoas.

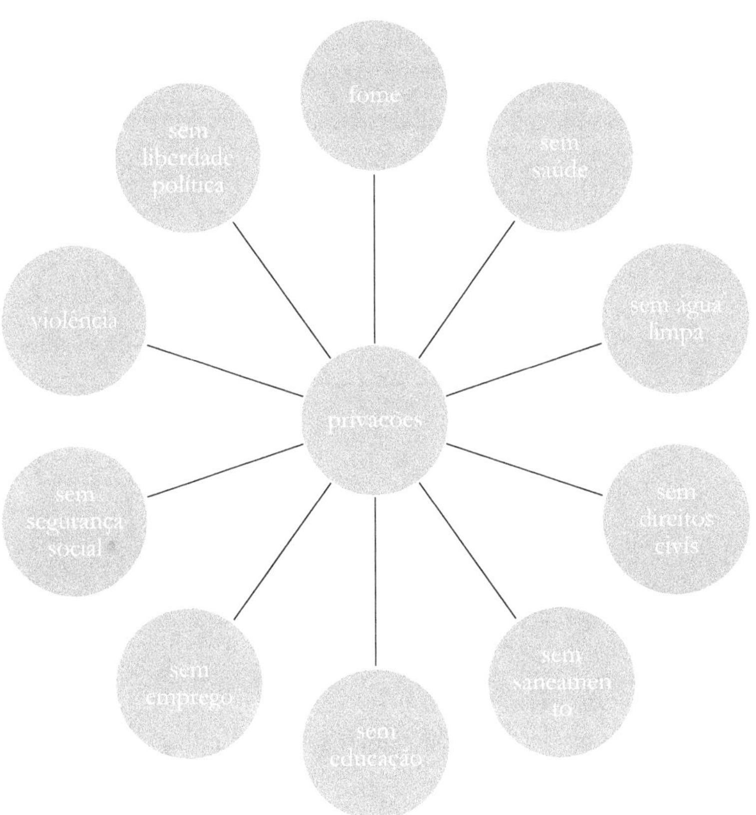

Olhar para estas inúmeras privações e opressões, no entanto, não é suficiente. Devemos olhar para os processos dentro dos quais essas privações são configuradas. Em particular, devemos distinguir, do ponto de vista analítico entre *processos* e *oportunidades*. Uma pessoa pode padecer de privações tanto porque ela não tem direito de votar e escolher as prioridades de sua sociedade, quanto porque não dispõe das mínimas oportunidades para conseguir o que necessita.

Para Sen, esse contraste entre o aspecto de processo e o aspecto de oportunidade é fundamental, tanto que ele reaparece de várias formas em DL. Mas de que Sen está falando? Está tratando de como fazer avaliações olhando para resultados. Está qualificando esses resultados. Talvez a forma mais clara seja a oferecida mais no final desse mesmo capítulo quando ele usa a terminologia consagrada no seu artigo "Maximização e o Ato da Escolha", de 1997, no qual sugere uma diferença entre "resultados finalísticos" e "resultados abrangentes". Uma representação esquemática pode ilustrar o significado dessa distinção (Figura 3).

Figura 3 - Resultados finalísticos e abrangentes

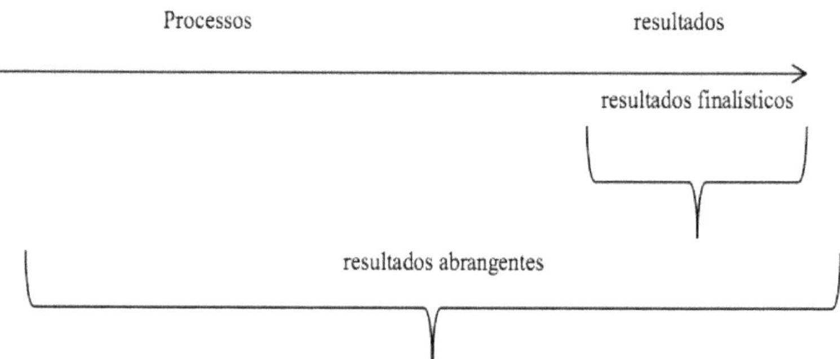

Em palavras, apesar da redundância que isso pode gerar, podemos dizer que os resultados finalísticos tratam apenas dos resultados finais, enquanto os abrangentes incluem também os processos que os geram. Isto porque o modo pelo qual os resultados podem ser obtidos faz toda a diferença. Sen aplica essa distinção quando examina o valor dos mercados para a realização das liberdades econômicas das pessoas.

Conto uma história. Lembro de quando vi essa distinção pela primeira vez em um seminário que o próprio Sen deu na Faculdade de Economia de Cambridge, lá por 1998, quando ele estava chegando para ser *Master* do Trinity College, antes de ganhar o Prêmio Nobel. Naquela época eu estava acostumado ao *Workshop dos Realistas Críticos*, nos quais economistas heterodoxos, como Tony Lawson, dispensavam ferozes ataques ao *mainstream* da economia. Por isso, lembro com clareza quando Sen, bem no início da sua palestra, chocou não somente a mim, mas a muitos de meus colegas quando disse: "o *mainstream* tentaria resolver esse problema [de inclusão dos processos à análise dos resultados] atribuindo utilidades aos processos, mas eu acho essa maneira de resolver o problema pouco interessante". Esse comentário foi chocante não somente por sua elegância, com a qual estávamos pouco acostumados, mas por trazer toda a nossa atenção para a análise do que ele estava propondo, ao invés de ficar remoendo razões pelas quais a proposta do *mainstream* era deficiente. Esse comentário foi um divisor de águas na minha vida. Resolvi que queria trabalhar em soluções ao invés de ficar apenas criticando o que outros fazem. Foi a pá de cal para que eu deixasse de vez os temas que eu havia tratado no doutorado e passasse a estudar com mais afinco temas como pobreza e desigualdade. Voltemos ao debate.

Uma vez estabelecido o papel das avaliações abrangentes, Sen passa a tratar "os dois papéis da liberdade". É nesta parte, correspondente à página 18 da primeira edição em inglês do DL (1999), que ele faz referência, pela primeira vez no livro, à expressão *capabilities*. Tal como formulada não se refere à sua abordagem, mas apenas a um espaço informacional, como outros já discutidos. Poderíamos perguntar o porquê de Sen não ter continuado com a terminologia de liberdades, substantivas ou não. Ao invés disso, ele optou pela introdução de uma nova terminologia. Cabe notar que ele não se refere a quaisquer capacitações, mas somente àquelas que "temos razões para dar valor". O foco da sua análise é na relação de mão-dupla entre as capacitações individuais e as políticas públicas. Para tanto, ele explica que a lógica das capacitações está fundamentada na condição de agente das pessoas, como apresentada no Quadro 3.

Quadro 3 - Capacitações e agência

"Agência" é uma expressão um pouco estranha, pois parece tratar de "agência bancária" ou algo nessa linha. Mas na economia ela é comum pois faz referência às pessoas em sua condição de pessoas que agem. De fato, essa expressão foi popularizada por modelos "principal-agente", mas que não tem nada a ver com o sentido dado por Sen. Para ele, agência tem a ver com a liberdade das pessoas. Podemos dizer que essa expressão tem um sentido restrito, associado à *escolha* das pessoas e um sentido mais amplo que faz alusão a sua *autonomia*. Para Sen, agente "é aquele que age e provoca a mudança e cujas realizações podem ser julgadas em termos de seus próprios valores e objetivos" (1999, p. 19). É interessante notar que lembra muito o conceito de protagonismo de Paulo Freire Lembra muito a Immanuel Kant, que coloca o exercício da autonomia humana como o grande desafio moral da humanidade, mas em momento nenhum Sen desenvolve a ideia de seguir as próprias leis como parâmetro para falar de autonomia.

Para Sen, o papel de agente é uma condição individual de uma pessoa como membro do público (economicamente como um consumidor ou trabalhador, ou politicamente como um eleitor ou manifestante). Mas sempre é uma condição individual. Esse caráter individualista da condição de agente, para Sen, é um dos pilares do uso de capacitações dentro do seu marco de avaliação. Este é um dos aspectos mais criticados de sua abordagem. Em quase todas conferências que participei sobre a abordagem das capacitações, sempre tivemos mais de um artigo criticando esse individualismo metodológico de Sen. É verdade que houve gente como Ingrid Robeyns (2017) defendendo esse posicionamento, tentando justificá-lo como algo não tão ruim como o individualismo ontológico (que implicaria o não reconhecimento de instituições e outras organizações sociais transcendentes à esfera individual). Mas ao longo do tempo, esta é uma perspectiva que parece ser uma das grandes limitações da abordagem em termos de teoria social.

Conto uma história aqui. Na metade dos anos da década de 2000, o famoso cientista político de Harvard, Robert Putnam passou um ano sabático em Cambridge. O meu querido amigo e historiador, professor Simon Szreter, do *St John's College* organizou um seminário semanal que girava em torno da contribuição de Putnam para a literatura de capital social. Lá pela semana seis do seminário, apresentei um artigo que escrevi - e que foi revisado e publicado anos depois no *Oxford Handbook of Social Capital* - perguntando se "Sen e Putnam podiam ser bons amigos?" O meu artigo era mais uma crítica ao individualismo metodológico de Sen do que a Putnam e ele educadamente fez alguns comentários elogiosos à discussão. Achei que ele estivesse, no entanto, apenas guardando munição para a semana seguinte, quando o próprio Sen veio a falar de seu trabalho e a explorar possíveis sinergias entre as duas abordagens. O seminário do Sen, no entanto, foi chato que doeu. Apesar de inúmeras diferenças metodológicas entre eles, os dois professores ficaram apenas trocando elogios durante o tempo regulamentar. Mas depois do seminário o professor Szreter organizou um jantar com eles para o qual eu fui convidado. Nesse jantar, Sen e Putnam discutiram fervorosamente durante duas horas sobre um único ponto: a campanha americana no Iraque. O interessante foi várias pessoas tentarem entrar na conversa adicionando elementos externos ao que eles tratavam, mas os dois seguiram de maneira obstinada no mesmo ponto.

Eu tirei desse jantar uma lição: esse pessoal bacanudo, como o Sen e o Putnam, conseguem avançar os seus temas pois mantém uma obstinação fervorosa naquelas questões que julgam importantes. Essa lição se encaixa bem para entender a obra de Sen. Ele mesmo faz questão de deixar isso claro quando reeditou em 2017 o seu livro de 1970, *"Collective Choice and Social Welfare"*. Há uma continuidade temática e metodológica impressionante no trabalho dele durante um período de 50 anos.

Uma vez qualificada a questão da agência, Sen trata dos *sistemas de avaliação* usando rendas e capacitações. Ele evita usar a linguagem de *espaços informacionais* consagrada no *"Equality of What"* de 1980, no *"Informational Analysis"*, de 1979 ou no *"On weights and measures"*, de 1977, mas passa a se referir a uma *abordagem* que articula diferentes espaços informacionais, tais como renda e riqueza, satisfação mental e "procedimentos", entre outros.

A abordagem é construída com base na distinção entre meios e fins que abre a porta do pluralismo, no qual diferentes espaços informacionais podem coexistir em um exercício de avaliação. Não resta dúvida que seu argumento é muito elegante, mas, no entanto, deixo aqui uma crítica: ele apresenta esses espaços de maneira muito descompromissada. Teria sido muito útil se ele pudesse ter feito uma análise mais sistemática dos principais espaços informacionais e de como eles podem ser usados em avaliações de desenvolvimento humano. Talvez ele tenha escolhido esse caminho por entender que uma sistematização dos espaços informacionais poderia conduzir a uma mecanização de sua abordagem e que isso, por sua vez, poderia eliminar o elemento de discernimento, ou de julgamento, que ele argumenta necessário a qualquer exercício de avaliação.

Quando Sen aplica essa abordagem, no DL ainda não formalmente definida, para a questão da pobreza, fica claro que ele foca em capacitações elementares ou básicas. O seu foco, contudo, parece ser em contrastar essa perspectiva com a ideia de pobreza como insuficiência monetária, ao invés de explicar melhor como são ou como podem ser definidas essas capacitações básicas. De fato, quando ele exemplifica essas capacitações, tais como mortalidade prematura, subnutrição, enfermidades, analfabetismo etc., fica claro que ele está usando a expressão capacitações em um sentido bem amplo, e não formalmente como ele fez no seu livro *"Commodities and Capabilities"*, de 1985. Isso é explicado em detalhe no Quadro 4. Nem sempre Sen utiliza a mesma linguagem aplicada à abordagem das capacitações nas suas discussões teóricas, ou mesmo no seu trabalho empírico. Isso torna muito mais difícil entender o uso ou operacionalização de seu conceito principal.

Quadro 4 - A formalização das capacitações

Pense em um dia normal na sua vida. Você levanta, toma um banho, escova os dentes, toma café (talvez não faça isso, ou faça algo diferente, ou em uma outra ordem, mas vamos apenas caracterizar um dia normal na vida de uma pessoa que não seja nem muito pobre, nem muito rica). Depois pega um transporte, o ônibus ou o metrô, um carro, ou caminha até o trabalho ou a escola. Em algum momento você dá uma parada para almoçar, volta e continua o que estava fazendo até sair e fazer alguma coisa interessante ou simplesmente voltar para casa onde pode acessar o computador, ver alguma coisa na televisão, conversar com os amigos etc.. O interessante é que se olharmos para o que você faz normalmente durante um dia, podemos montar uma listinha de tudo que você faz ou é durante o dia. Imaginemos três pessoas fazendo não exatamente o mesmo, mas coisas bastante similares. Por exemplo:

Lista do Thomas	*Lista da Izete*	*Lista do Ely*
Tomar banho	Fazer exercícios	Tomar banho
Tomar café da manhã	Tomar banho	Ler o jornal
Ir caminhando ao trabalho	Dirigir até o trabalho	Ficar em casa estudando
Trabalhar	Trabalhar	Almoçar

Almoçar	Almoçar	Ficar trabalhando em casa
Trabalhar	Ir à aula de piano	Passear o cachorrinho
Ir à aula de violão	Orientar alunos	Voltar para a casa
Jogar futebol	Voltar para a casa	Jantar
Tomar banho	Preparar o jantar e comer	Ver televisão
Preparar o jantar e comer	Ver televisão	Meditar
Dormir	Dormir	Dormir

Obs.: Os nomes das pessoas citadas aqui não são fictícios, mas o que eu imaginei elas fazendo é totalmente fictício e algumas podem até reclamar do quão pouco eu conheço suas realidades. O propósito é pedagógico.

Formalmente, podemos dizer que estas listas são compostas por coisas que as pessoas estão sendo ou fazendo durante um dia. Podemos chamar as listas de "vetores" e dizer que temos um vetor de funcionamentos (pois inclui apenas o que elas podem ser ou fazer) para cada uma: V_T, V_I e V_E. Cada vetor de funcionamentos trata de uma realidade específica. O ponto importante sobre capacitações é considerar se alguma dessas pessoas poderia, se desejasse, ter uma vida ou funcionamentos como as demais pessoas. Assim, quando reunimos os conjuntos de funcionamentos, podemos definir os conjuntos capacitários das pessoas. Vamos imaginar que a realidade do Thomas e do Ely fossem similares, ou seja:

$$C_T \text{ e } C_E = \{V_T, V_I, V_E\}$$

Mas para a Izete, por conta da discriminação de gênero (mediante a qual ela é obrigada por normas sociais a preparar o jantar para o marido), seus funcionamentos estão afetados, e ela está restrita somente a dois vetores potenciais e a um conjunto capacitário menor:

$$C_I = \{ V_T, V_I \}$$

Nesse sentido, poderíamos dizer que o conjunto capacitário da Izete seria menor que o conjunto capacitário do Thomas e o do Ely. Mas veja que o que faz ela ter essa privação de liberdade, medida pelo seu conjunto capacitário, está dado por uma restrição de gênero. Seguramente, este não deve ser o caso da Izete que eu conheço, mas é, infelizmente, a realidade de milhões (ou deveria dizer bilhões?) de mulheres no mundo. E isso se aplica não somente ao que acontece dentro, mas também fora de seus lares.

Note como essa história contada da perspectiva dos recursos seria focada não no que ela pode ser ou fazer e nas liberdades substantivas associadas, mas sim nos recursos específicos que seriam utilizados na realização desses funcionamentos (como mostra a comparação abaixo usando o vetor de funcionamentos do Thomas). Como tal, se pareceria mais com um questionário do Instituto Brasileiro de Geografia e Estatística (IBGE) do que com um registro de funcionamentos. Não que não faça sentido perguntar também sobre variáveis de recursos. O problema consiste em utilizar apenas esse espaço informacional para fazer inferências sobre os demais.

Lista do Thomas - funcionamentos	*Lista do Thomas - recursos*
Tomar banho	Chuveiro
Tomar café da manhã	Café, pão e leite
Ir caminhando ao trabalho	Sapatos
Trabalhar	Computador ou o material de trabalho

Almoçar	Feijão, arroz ou a comida desejada
Trabalhar	Computador ou o material de trabalho
Ir à aula de violão	Violão
Jogar futebol	Campo, bola
Tomar banho	Chuveiro
Preparar o jantar e comer	Feijão, arroz ou a comida desejada
Dormir	Cama

O que o Sen está criticando é que possamos inferir o que acontece com a primeira coluna (de funcionamentos) apenas pela inspeção do que acontece com a segunda coluna (de recursos). Isso acontece, como Sen explica mais adiante no livro, devido ao problema da *conversão de recursos em funcionamentos*, que pode ser irregular e imperfeita. A implicação dessa discussão é que uma visão de desenvolvimento baseada apenas na inspeção de recursos ou na promoção do PIB pode perder de perspectiva aqueles funcionamentos e capacitações (liberdades) importantes que são as que definem de fato se as pessoas podem ter uma vida boa ou não.

Existem duas questões importantes aqui. De trás para diante: a primeira trata do problema de que possamos inferir os funcionamentos das pessoas a partir dos recursos que elas dispõem, sem considerar como os recursos são usados ou convertidos e a segunda de como o que importa não é somente esse conjunto real, observável, do que as pessoas fazem, mas sim as oportunidades, ou liberdades, ou capacitações que elas têm de escolher entre essas possibilidades.

Logo após essa discussão, Sen oferece um dos exemplos mais icônicos do livro: a comparação entre a expectativa de vida dos homens negros americanos com a expectativa de vida de pessoas nascidas em países ou regiões do mundo bem mais pobres. O argumento é direto: se os negros americanos têm uma renda muito superior a pessoas vivendo na Índia ou na China, logo, devem viver mais, certo? De fato, não. O gráfico original (que corresponde à figura 1.1 no DL) mostra como existem diferenças importantes entre a expectativa de vida dos chineses, indianos e dos negros e brancos americanos. O mais incrível é que 20 anos depois, a situação não mudou em nada.   Usando dados atuais do "Relatório de Desenvolvimento Humano 2020 e do Departamento de Saúde dos Estados Unidos" (fontes originalmente usadas pelo Sen), podemos ver as seguintes atualizações das diferenças na Tabela 2 com os últimos dados disponíveis em 2021:

Tabela 2 - Comparando expectativas de vida

Grupos/países	Expectativa de vida ao nascer (2019/2020)
Homens brancos americanos	75.5
Homens chineses	74.8
Homens indianos	68.5
Homens negros americanos	68.3
Homens hondurenhos	73.0
Homens palestinos	72.4
Homens jamaicanos	72.9

Fonte: RDH 2020 e Estatísticas vitais EUA, 2021.

Estritamente falando, Sen não compara os homens negros americanos com os homens indianos e chineses. No caso da Índia, ele escolhe o estado de Kerala para representar o país e usa sua expectativa de média agregada - que inclui as mulheres - o que joga para cima as cifras indianas, favorecendo sua comparação. Ou seja, ele não compara a expectativa de vida entre homens, que costumam viver menos que as mulheres. Mas ele é honesto no seu ponto: um homem negro americano vive menos do que homens e mulheres na China e na Índia. Por mais que ele tenha se beneficiado nessa comparação, o argumento parece claro.

Há que se salientar que usei para a atualização desse exemplo, os dados americanos que levam em conta o impacto da pandemia de Covid-19 e que as estimativas para os outros países ainda não incorporaram esse impacto, o que também deve afetar essa comparação. Seja como for, existem diferenças de expectativa de vida significativa nos próprios EUA que já colocam com segurança a expectativa dos homens negros americanos bem abaixo da dos homens chineses (se bem que a China ficou bem mais rica nesses últimos anos). Contudo, existem muitos exemplos acima de quaisquer suspeitas, tais como com homens jamaicanos, palestinos ou hondurenhos. O ponto, repito, é claro: a correlação entre renda e algumas capacitações básicas é contingente.

É interessante observar como uma *privação relativa* de renda dos homens negros americanos em relação aos americanos brancos pode ser assim transformada em uma *privação absoluta* em termos de expectativa de vida em relação aos cidadãos chineses e indianos. É verdade que a expectativa de vida é uma liberdade muito básica e que a complicação oferecida pela abordagem das capacitações é trabalhar de modo multidimensional, com uma ampla cobertura de liberdades. Mas isso não poderia causar um problema operacional, que inviabilizaria o uso da abordagem? Sen argumenta que não. Esse é um ponto essencial e abro um outro quadro para explicar isso em detalhe.

Quadro 5 - *Opesionalising, Oprosnalising...Op!* A abordagem das capacitações

Há justos 20 anos, tive o privilégio de poder organizar, junto com a Angels Varea e o Kohei Watanabe, uma conferência em Cambridge que seria a semente da *Human Development and Capability Association* (HDCA): "*Justice and Poverty*: examining Sen's Capability Approach". Foi uma conferência que juntou muitas pessoas que viriam a se tornar nomes importantes na abordagem das capacitações. Foram tempos do inesquecível e carismático Rev Frank Carey como diretor do *Von Hugel Institute* e do Sir Brian Heap, como *Master* do *St Edmund's College*. Essa conferência contou com a apresentação de vários artigos, muitos dos quais deram origem ao livro que acabei coeditando com Mozaffar Qizilbash e Sabina Alkire sobre a abordagem das capacitações, pela *Cambridge University Press* (2008). Mas o foco da conferência foi em grupos de discussão para levar questões para uma sessão plenária que tivemos com Sen. Apesar da chamada de trabalhos ter destacado as questões de justiça e de pobreza, uma questão foi amadurecendo durante as apresentações e debates relativos a "operacionalização" da abordagem das capacitações.

Em uma comunidade tão internacional como aquela onde o domínio do inglês era justo o suficiente para uma boa comunicação acadêmica, falar *operationalising* provou ser um desafio e durante os três dias de conferência escutamos versões variadas (e divertidas) dessa expressão até que alguns começaram a chamar "Op" (com a sonoridade 'ôupí') para se referir a operacionalizar a abordagem das capacitações.

Se por um lado conseguimos "operacionalizar" o uso da expressão, muito ainda foi necessário nas décadas seguintes para o desenvolvimento de ferramentas que possibilitassem um uso mais sistemático da abordagem. Talvez Sen tenha descartado prematuramente as dificuldades operacionais em implementar a abordagem. Mas claro, depende do significado que se atrele à própria ideia de operacionalização. Tentei destrinchar essa questão no capítulo "Measuring Capabilities", que escrevi como produto dessa conferência para o livro *"The Capability Approach*: concepts, measures and applications" (2008). Voltarei a essa temática no capítulo 13.

O fato é que quando falamos em expansão das capacitações chegamos muito próximo de conceitos mais gerais como o de "qualidade de vida". Sen parece mais preocupado em argumentar que sua visão tem uma linhagem respeitável do que em explicar o conceito. Desse modo, fala como a abordagem das capacitações articula uma visão Aristotélica, principalmente no uso de conceitos como "florescer" e "capacidades", com uma visão Smithiana preocupada com as "necessidades" e as condições de vida. Repete, de modo diferente, a mesma mensagem do início: podemos recobrar um pouco dessa herança que existe na economia (que inclui segundo ele outros como Quesnay, Lagrange, Petty etc.) ao concentrarmos nossa atenção normativa nos funcionamentos resultantes, ao invés de ficarmos presos somente na relevância das mercadorias.

Mas isso não quer dizer que os mercados não sejam importantes, principalmente como uma fonte de liberdades substantivas. Esse é outro ponto recorrente no DL. Para Sen, proibir que as pessoas se beneficiem de mercados através de controles arbitrários é intrinsecamente uma perda de liberdade, independente das consequências que possam gerar.

Essa é uma discussão de natureza mais antropológica do que econômica. Será que os mercados são "naturais" às relações humanas? Sen parece dizer que sim, pois considera que se uma pessoa é proibida de interagir com outras via mercado há uma negação de uma liberdade substantiva sua. Desse modo, ele consegue dizer que mercados são importantes independentemente de suas consequências e que devem ser apreciados pelo seu valor intrínseco. Parece que há uma pitada de ética Kantiana na sua defesa de mercados. Essa justificativa insistente e elogiosa aos mercados possa ser talvez explicada não por algum papel especial que os mercados têm na abordagem das capacitações, mas pelo fato de Sen ter escrito esse livro como aulas para o pessoal do Banco Mundial. Manter o foco nas audiências que Sen tem em mente é fundamental para entender algumas ênfases e nuances em alguns de seus livros.

Esse capítulo termina com uma discussão que Sen já havia iniciado sobre valores, processos de avaliação e sobre como questões culturais e democráticas influenciam esses processos. Ele retoma o mesmo ponto de partida baseado em uma concepção pluralista das liberdades das pessoas. O pluralismo faz com que seja necessário escolher. E o escolher demanda uma valorização explícita.

Sen poderia ter dito que essa valorização está na escolha dos espaços informacionais e nas suas respectivas medidas operacionais. Mas não. Ele prefere focar na determinação dos pesos relativos na determinação do que chama de "vantagens individuais e progresso social". Definir o que estamos querendo determinar nem sempre é trivial no trabalho do Sen. Ele aproveita essa discussão para criticar "Aqueles que preferem um índice mecânico, sem a necessidade de ser explícito sobre que valores estão sendo usados e porquê" (SEN, 1999, p.30).

Desse modo, uma das características marcantes na abordagem das capacitações é a proposta por avaliações que sejam explícitas, dentro do que ele chama "exercícios avaliatórios" essenciais, como Sen argumenta, para a crítica e para os debates públicos. Por isso também, a liberdade política é tão importante, pois ela dá à cidadania uma possibilidade de participação na seleção dos valores na definição das prioridades sociais. Essa discussão se encaixa bem no modelo de sociedade proposto por Rawls. Mas algumas vezes é difícil ver como ela poderia ser operacionalizada no nível de pesquisas e estudos que procurem contribuir para esse próprio debate público. Fica claro, assim, que esses exercícios avaliatórios propostos por Sen são um artefato das políticas públicas e da forma como as prioridades sociais podem ser definidas. Essa é uma via de mão-dupla para ele, como mostra a Figura 4.

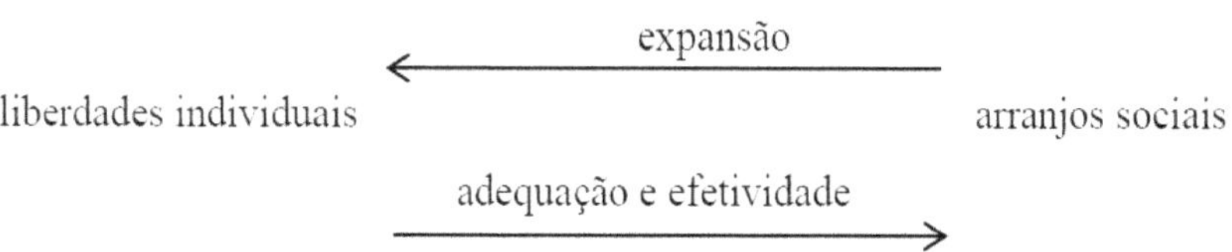

Figura 4 - Liberdades individuais e arranjos sociais

As liberdades individuais são a métrica final utilizada por Sen ao avaliar o desenvolvimento de uma sociedade, mas isso não significa que ele não esteja preocupado com o papel instrumental dos arranjos sociais em potencializar essas liberdades. O problema é que Sen aparentemente não dá nenhum valor intrínseco a esses arranjos sociais se eles não forem capazes de serem refletidos em liberdades individuais. Há uma aparente tensão, que em termos sociais pode chegar até mesmo a ser uma contradição externa no trabalho de Sen, pois se a sua abordagem privilegia liberdades, que são contrafactuais, dado que operam no nível das oportunidades, é limitante não considerar a relevância intrínseca de outros contrafactuais definidos pelas condições sociais. Um exemplo muito concreto: será que não seria melhor viver em uma sociedade com altos níveis de confiança em comparação com outra de baixos níveis mesmo que não víssemos nenhuma realização? Contrafactualmente é melhor estar em uma sociedade de alta confiança, não?

Colocar a questão da participação dos indivíduos no centro das preocupações normativas de uma teoria de desenvolvimento abre uma série de questões, como por exemplo, relativas aos *trade-offs* entre valores contemporâneos *versus* valores tradicionais, incluindo culturas de países. Neste ponto, para Sen, nada deve ser sacrossanto. Se tradições devem ser sacrificadas para que as pessoas deixem de ser pobres, essa é uma questão que apenas as pessoas envolvidas devem decidir. O conflito real, segundo ele, é entre o valor básico que as pessoas devem ser permitidas a decidir livremente sobre o que querem seguir e a insistência na obediência a tradições. Essa não é uma questão menor.

Como podemos garantir, ou mesmo saber de forma confiável se as pessoas estão decidindo ou deliberando livremente? Como identificar se elas não estão atuando sobre a força das expectativas adaptativas, nas quais as preferências das pessoas são deformadas pelas injustiças e dificuldades que enfrentam? A defesa que Sen faz de uma *resolução participativa*, como ele mesmo coloca, é uma questão aberta. Ela fala, entretanto, da sociedade como se ela fosse constituída de indivíduos parecidos, com a mesma capacidade argumentativa e o mesmo poder social. Sabemos que esse não é o caso. Nesse sentido, sua defesa de uma *liberdade participativa* encontra materialidade no nível dos direitos humanos, como direito à liberdade de expressão e de uma imprensa livre.

Bem no final dessa discussão, Sen solta uma bomba que vale a pena citar: "Também, dado que a participação requer conhecimento e habilidades educacionais básicas, negar a oportunidade de escolarização para qualquer grupo – digamos, para meninas - é imediatamente contrário às condições básicas de liberdade participativa" (1999, pp. 32-33). É fácil entender essa afirmação como uma crítica ao Talibã no Afeganistão. Mas, quando extrapolamos para contextos democráticos imperfeitos, a questão que surge é: se as pessoas não tiverem oportunidades de escolarização efetiva, isso quer dizer que a participação delas não conta? E se a escolarização, ao invés de libertadora for opressiva, por exemplo, reforçando estereótipos sociais, raciais e de gênero? Será que sua abordagem não se aplica a países onde liberdades básicas não são garantidas? Sen vai dar uma pista de como resolver esse problema quase dez anos depois no seu artigo que abre o livro que tive o prazer de coeditar com Luigino Bruni e Maurizio Pugno, *"Capabilities and Happiness"* (2008), no qual argumenta que informações subjetivas têm um caráter "evidencial" e como tal devem ser verificadas. Isso significa que as opiniões das pessoas devem contar sempre, mas devem ser qualificadas pelos fatos e considerações informadas pela experiência. Deste modo, nem tudo está perdido. Mas essa questão referente à escolaridade das pessoas tira um pouco da força normativa de seu argumento inicial.

Sen volta ao debate sobre operacionalização de sua abordagem. Enfatiza que ele não está sugerindo que há algum critério preciso e único de desenvolvimento no qual as diferentes experiências de desenvolvimento possam ser sempre comparadas e ordenadas. Suas afirmações não deixam de ser estranhas para alguém que é um dos principais responsáveis pela criação do indicador mais famoso e resiliente de desenvolvimento do mundo, o Índice de Desenvolvimento Humano (IDH). Ele está pensando em contextos nacionais onde cidadãos defendem opiniões diferentes ou mesmo antagônicas e, portanto, definem as prioridades sociais de onde vivem. Por isso, Sen diz que a principal motivação subjacente da sua abordagem do "desenvolvimento como liberdade" não é tanto oferecer uma ordenação completa de todos os estados ou cenários, mas alertar para aspectos que merecem atenção. Vemos aqui o embrião do principal argumento do seu livro *"The Idea of Justice"*, de 2009, no qual ele argumenta que a justiça não é construída por um modelo completo, transcendental, como o posto por John Rawls, mas por reações às injustiças pontuais que vão sendo atacadas.

CAPÍTULO 2
OS FINS DO DESENVOLVIMENTO

Dado o que é apresentado na introdução e no capítulo 1 do DL, parece que o capítulo 2 - que toca na mesmíssima tecla - é intrinsecamente redundante. Mas não é. Sen introduz aqui a categoria de "atitudes gerais ao processo de desenvolvimento", destacando uma atitude de que desenvolvimento é um processo de "sangue, suor e lágrimas" que contrasta com outra que vê o desenvolvimento como um "processo amigável". Na versão mais fofinha, essa última atitude pode ser representada pela defesa de liberdades políticas ou de redes de proteção social. É aqui que Sen enquadra a sua abordagem.

Usando a linguagem das liberdades, Sen reitera que a expansão de liberdades é para ele tanto o principal fim, quanto o principal meio do desenvolvimento. Aos fins ele atribui um *papel constitutivo* e aos meios um *papel instrumental*. E o papel constitutivo trata das liberdades substantivas. Mas o que são mesmo liberdades substantivas? A Figura 5 apresenta uma lista feita por Sen no contexto dessa discussão.

De certo modo, não parece haver nada de especial nessa definição de liberdades substantivas ou básicas. De um ponto de vista técnico parecem mais funcionamentos do que capacitações. Além do mais, não fica claro o porquê dessas liberdades serem explicadas como parte do que alguma pessoa deve ser "capaz de evitar". Parece que algumas dessas liberdades podem ser garantidas pelo Estado sem a necessidade de nenhuma interferência particular dos beneficiários.

Figura 5 - Liberdades substantivas ou básicas

Liberdades Substantivas ou básicas
ser capaz de evitar subnutrição
ser capaz de escapar a morte prematura
ser capaz de ser alfabetizado
ser capaz de participar politicamente

Aquilo que constitui uma liberdade substantiva não precisa, portanto, ser justificado com base nos seus efeitos ou implicações, pois é importante em si mesmo. É o caso da participação política, que não precisa ser justificada em termos de seu impacto no crescimento econômico quando ela mesma é um fim entre outros. Isso não quer dizer que não possa ter também valor instrumental. Mas quer dizer que não depende desse valor indireto para ser justificada como fonte de valor. Há, assim, um forte elemento deontológico na ideia de liberdade substantiva de Sen. Com isso ele separa argumentos que são normativos de argumentos que podem depender de conexões que são empíricas e, portanto, contingentes. Há um cheiro kantiano no ar, imperativo, eu diria, sobre a realização das liberdades substantivas.

Logo após essa discussão, Sen oferece a mais completa análise do que ele entende por liberdades instrumentais. São cinco as liberdades instrumentais para ele. Formalmente elas "contribuem para a capacitação geral de uma pessoa viver mais livremente" (1999, p. 38). Se por capacitação entendermos também tipos de liberdade essa definição pode parecer redundante. É interessante, contudo, notar que liberdades instrumentais parecem fazer o trabalho do que Rawls chama de *bens primários*. Por exemplo, no seu livro *"Justice as Fairness"* (2001, p. 57), Rawls define como bens primários "várias condições sociais e meios de propósito geral que são

50

geralmente necessários para capacitar adequadamente os cidadãos a desenvolver e exercitar plenamente suas duas forças morais e determinar suas concepções de bem".

Bens primários são necessidades dentro de uma concepção de pessoas enquanto agentes políticos. O que quer dizer isso? Que não são somente necessários como constituintes de uma perspectiva de qualidade de vida para as pessoas. Bens primários fazem sentido dentro de uma concepção política, pois as pessoas precisam deles para se posicionarem como "cidadãos livres e iguais". Não coincidentemente, os bens primários para Rawls são cinco também. A Tabela 3 oferece uma comparação.

Fica claro, desde o princípio, que o objetivo de Rawls é muito mais amplo do que o de Sen. Outra maneira de dizer isso é que talvez as condições colocadas por Sen sejam insuficientes para os objetivos traçados por Rawls. Mas o que quer Rawls? Ele quer que as pessoas sejam livres e iguais para que possam, dentro do seu modelo de contrato social, discutirem e se posicionarem politicamente em condições de respeito mútuo, para a discussão dos princípios que devem reger a sociedade de maneira justa. Sen parece estar preocupado também com a promoção da razão pública, mas não foca tanto nas condições vistas como essenciais por Rawls de que as pessoas precisam de um mínimo para que possam exercer seus poderes de seres racionais e razoáveis. Uma sociedade bem-ordenada, que coopere, precisa de indivíduos que reconheçam que princípios regulatórios precisam ser bons para todos. Assim, uma coisa é um indivíduo ser racional e ser capaz de formar sua concepção do que é bom para ele ou para ela, outra coisa é ser razoável e entender a relevância da imparcialidade para a justiça social.

Tabela 3 - Bens primários e liberdades instrumentais

Bens primários para Rawls	Liberdades instrumentais para Sen	Analogias
Liberdades e direitos básicos: liberdade de pensamento, de consciência, entre outros.	Liberdades políticas, incluindo direitos civis; liberdade de expressão política, de criticar autoridades etc.	Parece que tratam do mesmo objeto, com nuances do que incluem. Estão próximas de direitos humanos e civis em sociedades democráticas.
Liberdade de movimento e livre escolha de ocupação, com oportunidades para seguir uma variedade de fins.	Facilidades econômicas, tratando das oportunidades que os indivíduos têm para utilizar recursos econômicos para consumir, produzir etc. .	Sen parece incluir nessa categoria considerações sobre renda e riqueza que são destacadas como uma categoria separada por Rawls.
Poderes e prerrogativas para ocupar posições públicas de responsabilidade e autoridade.		Não parece haver nada similar nas liberdades instrumentais de Sen.
Renda e riqueza com propósitos gerais.	Segurança protetora, na forma de redes de proteção social, impedindo por exemplo que uma população possa cair na miséria como resultado de uma crise; concretamente, Sen fala de seguro desemprego e ajudas sociais.	Parece que esses fatores têm objetivos similares, mas dentro de contextos diferentes. Sen coloca uma condição de mínimos, enquanto Rawls está pensando em que essas condições garantiam uma participação política das pessoas enquanto cidadãos livres e iguais
Bases sociais de auto respeito, para que as pessoas tenham um sentido do seu valor como pessoas.	Oportunidades sociais na forma de saúde, educação que influenciam as liberdades das pessoas e são importantes na condução de suas vidas privadas e públicas.	Neste aspecto, a analogia parece menos perfeita, pois Sen não trata da questão do sentimento de valor das pessoas. No entanto, oportunidades sociais fazem parte da base social referida por Rawls.
	Garantias de transparência tratam da necessidade de	Essa categoria parece ser um desdobramento das

	abertura entre as pessoas e valores, tal como confiança.	bases sociais de auto respeito do Rawls, mas mantém sua especifidade.

Sen não parece preocupado em comparar suas liberdades instrumentais com os bens primários de Rawls. Pelo contrário, toda sua ênfase ao criticar esse conceito é destacar a limitação da renda e da riqueza como integrantes desse conceito. Em certos momentos, Sen parece tratar de bens primários como se os únicos elementos que importassem fossem renda e riqueza, deixando debaixo do tapete que há pelo menos uma certa sobreposição entre suas liberdades instrumentais e os bens primários de Rawls.

Entretanto, cabe enfatizar que Rawls parece defender um objetivo mais ambicioso com o uso de seus bens primários. Por outro lado, Sen parece estar mais interessado nas interconexões e nas relações de complementaridade que podem ser encontradas na sua lista de liberdades instrumentais. Ele é muito claro: esses *links* são importantes para as políticas de desenvolvimento. E ele tem razão. O crescimento econômico não é importante *per se*, mas sim pelo que pode render em benefícios e serviços sociais para as pessoas. Há toda uma agenda não só de qualidade do crescimento, mas de financiamento de bens públicos que defende que o desenvolvimento humano não é um luxo, mas um componente intrínseco do progresso das sociedades.

Quadro 6 - Sen, Rawls e eu perdido no cemitério

Para todos os estudiosos da obra de Sen, não deve restar dúvida que John Rawls foi o pensador que mais o influenciou fora da economia (na economia também não deve restar dúvidas de que foi Kenneth Arrow). É interessante notar que os três ficaram mais próximos desde um curso que ministraram conjuntamente em 1968, na Universidade de Harvard, em um momento no qual Rawls trabalhava na sua *Teoria da Justiça* e Sen no seu *"Collective Social and Social Welfare"*, ambos publicados entre 1970 e 1971. Durante a década de 70, Sen tentou encaixar seu entendimento de que julgamentos sociais precisam de uma base interpessoal objetiva com os critérios de justiça de Rawls, como o maxmin (focando na maximização das piores posições sociais), mas no início dos 80, com o seu "Igualdade de quê?" Sen desferiu um primeiro ataque frontal à teoria Rawlsiana (não seria o último, nem o mais contundente, como já mencionamos).

O problema, segundo Sen, é que a teoria dos bens primários de Rawls não dá conta da imensa diversidade dos seres humanos, o que afeta os benefícios que estes poderiam sacar desses bens. Desse modo, se o bem-estar de uma pessoa fosse julgado somente em função da sua renda sem levar em conta, por exemplo, que ela poderia ter necessidades médicas ou nutricionais que a fariam gastar mais recursos apenas para manter o mesmo nível de saúde de outra pessoa, isso poderia levar a uma grande distorção no uso desse critério.

Pessoas com os mesmos recursos poderiam (e podem) ter vidas muito diferentes dependendo de como elas convertem esses recursos em realizações importantes para suas vidas. Sen não disse que bens primários não devem ser levados em conta, apenas que se *unicamente* eles fossem levados em conta chegaríamos a uma "moralidade parcialmente cega". Durante quase 40 anos Sen bateu nessa tecla, criticando bens primários por serem recursos e estes por serem "indicadores imperfeitos de bem-estar". Rawls, por sua vez, não via muito qual o ponto da crítica de Sen ao seu uso de bens primários. Sua melhor resposta veio no seu livro *"Justice as Fairness"*, sessão 51 (2001, pp.168-176). A Muriel Gilardone escreveu um belíssimo texto em 2015 contando em detalhe esse embate entre Sen e Rawls, de onde deve ficar claro a importância transcendental (essa é uma brincadeira para quem leu a "Ideia de Justiça de Sen"; não disse que a brincadeira é boa...) de Rawls para Sen.

Conto uma história. Em abril de 2012 Amartya Sen esteve em Porto Alegre, convidado pelo *Fronteiras do Pensamento* para uma palestra na Universidade Federal do Rio Grande do Sul (UFRGS). Naquela oportunidade, os organizadores, talvez por saberem que eu o conhecia fazia um tempo, me convidaram para ser seu debatedor. E no dia da palestra, o professor Sen me convidou para tomar um chá da tarde no hotel Sheraton do Moinhos de Vento. Era uma conversa cordial, sem objetivos, de pessoas que se conheciam há uns doze anos (nos quais eu organizei em torno de cinco conferências com ele como palestrante principal). Mas, não sei porque eu achei interessante dar um objetivo à conversa e próximo do final expressei a ele o meu desejo de fazer "algum dia" o curso dele de Escolha Social em Harvard. Lembro bem de suas palavras, "Flavio, já estou com 79 anos, é melhor esse 'algum dia' não ficar muito para depois; por que você não vem já nesse outono? Irei dar um curso de Escolha Social junto com o Erik Maskin". E assim foi.

Vou pular tudo o que aconteceu para contar uma história dos últimos dias da nossa estadia em Harvard, já no final de dezembro, antes de regressar ao Brasil. Eu estava muito incomodado que os dias voavam e que não tinha conseguido ir prestar minhas homenagens a Rawls no Cemitério de *Mount Auburn* em Cambridge. Poucas vezes na minha vida um livro me interessou tanto como o "Teoria da Justiça" (ou se eu quisesse ser mais preciso deveria dizer, "Uma" Teoria da Justiça) e a minha dívida de gratidão intelectual ao Rawls até hoje é gigantesca. O problema é que o cemitério ficava em uma região da cidade que me era de difícil acesso, e só consegui ir um dia depois da classe de piano da minha filha, que ficava para aqueles lados. Chegamos um pouco tarde, mas com tempo suficiente para ir diretamente onde ele está sepultado. No entanto, mesmo com um mapa, foi dificílimo chegar ao seu túmulo e ficamos horas tentando encontrar o lugar (ele foi enterrado na mesma parte onde se encontra Nozick, se não me falha a memória). Por fim, encontramos. Mas escureceu. E nos perdemos. E ficamos naturalmente nervosos porque chegava a hora de fechamento do cemitério. Eu e minha esposa, com uma criança de 5 anos, caminhando no meio da escuridão no cemitério, que é imenso, porém, no escuro já pouco se via. No entanto, já quase passando da hora de fechar o cemitério, graças a duas pessoas, que apareceram inesperadamente do nada e das quais nunca vimos as suas faces pela escuridão, tivemos as orientações para encontrar a saída. O Cemitério já havia fechado, mas nos deixaram sair.

Sen utiliza os exemplos da China e da Índia para explicar esse ponto sobre a importância decisiva dos arranjos sociais na expansão das liberdades dos indivíduos. Na prática, ele pode ser considerado um forte defensor da ação estatal na provisão de saúde pública, educação básica e de todas aquelas liberdades fundamentais discutidas acima. Diante disso, algumas pessoas podem ficar desapontadas com ele em sua discussão sobre a questão política na China. Se por um lado ele reconhece as limitações da China por sua falta de liberdade política, por outro, ele parece ponderar essa falha em relação a outras limitações, colocando na conta de como sociedades conseguem ou não explorar sinergias entre suas liberdades instrumentais. Essa discussão parece estar sistematizada em dois conjuntos de contrastes. De um lado as economias de alto crescimento, de outro as economias com alto sucesso em melhorar a extensão e a qualidade de vida. Para o primeiro grupo, podemos comparar aquelas que têm *versus* as que não têm melhorias na sua qualidade de vida; no segundo grupo podemos ter aquelas com alto crescimento econômico *versus* aquelas sem o mesmo êxito. A maneira dele apresentar isso é meio confusa. São apenas dois critérios, com dois eixos nos quais podemos apresentar os quadrantes nos quais os países se inserem segundo tenham êxito em combinar crescimento econômico com qualidade de vida. Como a Figura 6 ilustra:

Figura 6 - Tipos de sucesso

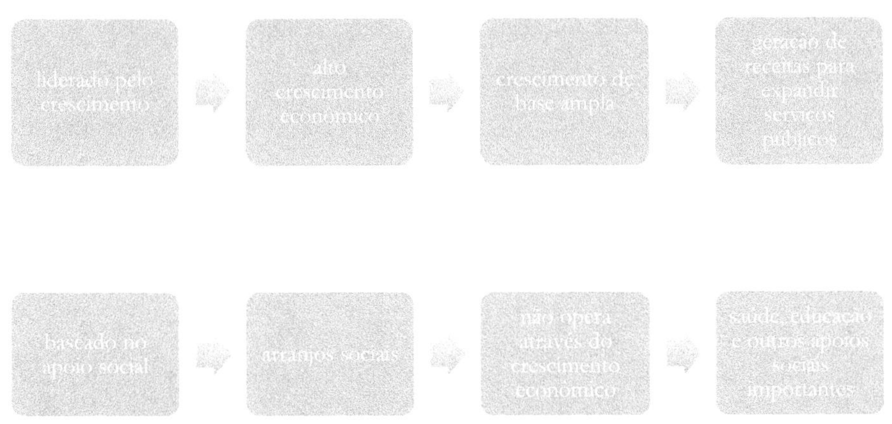

A mensagem é clara: os países não precisam esperar pelo crescimento econômico para redefinir suas prioridades sociais. Sen não ignora a questão do financiamento desses serviços públicos. Pelo contrário. Menciona que esse argumento está frequentemente presente como uma justificativa para postergar investimentos sociais importantes até que o país tenha mais recursos. Mas ele tem uma resposta no bolso: serviços essenciais como saúde e educação são 'trabalho intensivo', e em países pobres a mão de obra é relativamente barata. Então, expandir esses serviços, que ainda por cima não pagam salários muito altos, não é muito caro. Uma economia pobre tem, de fato, menos dinheiro para investir em serviços públicos, mas por outro lado necessita de menos dinheiro para a expansão desses serviços. O mais difícil para Sen é o comprometimento social com a expansão desses serviços. Há uma vantagem nos processos liderados pelo crescimento fundamentada em uma maior flexibilidade para o financiamento de uma gama mais ampla de serviços públicos.

Sen mostra como a redução da mortalidade no Reino Unido durante o século XX dependeu muito do desenvolvimento das atitudes sociais das pessoas. Em particular, enfatiza como a atitude da população mudou em relação ao *compartilhamento social (sharing)*. Sen chega a fazer referência à *psicologia do compartilhamento* que influiu muito na configuração dos arranjos públicos no Reino Unido do pós-guerra.

Quando Sen escreveu o DL, já rolava uma discussão sobre atitudes sociais e provisão de bens públicos, em uma literatura que hoje é conhecida como a "economia política da redistribuição". É verdade que os primeiros modelos, como o de Meltzer e Richard de 1981, ou o de Piketty de 1995, focavam mais nos *trade-offs* entre retornos individuais do trabalho *versus* pagamento de impostos, com correspondentes retornos via bens públicos, e que modelos mais recentes como o de Alesina e Glaeser de 2004 são mais afinados com a discussão de Sen sobre valores sociais e suporte público para os serviços sociais. Nessa discussão, a atenção de Sen está voltada para os *links* entre as liberdades instrumentais. Em especial, entre a liberdade política, os direitos civis e a liberdade de evitar desastres econômicos. Sen usa evidências do seu trabalho clássico de 1981 sobre *"Poverty and Famines"*, mostrando como fomes generalizadas não ocorrem em democracias, pois os políticos não têm incentivos para escondê-las.

CAPÍTULO 3
ALÉM DO UTILITARISMO

59

Esse é um dos capítulos mais importantes do DL, pois é aqui que Sen explica com um pouco mais de detalhes a abordagem das capacitações. Ele começa com um exemplo no qual uma pessoa chamada Annapurna deseja contratar um trabalhador para limpar o seu jardim e existem três candidatos diferentes, chamados Dinu, Bishanno e Rogini, todos com boas razões para serem contratados. O ponto é que só é possível contratar um deles. Todos farão o mesmo trabalho, sem distinção. Dinu é o mais pobre deles e o que mais precisa do dinheiro. Bishanno sofre de depressão e é o mais vulnerável psicologicamente, o mais infeliz entre todos. Rogini, por sua vez, tem uma doença crônica e poderia usar o dinheiro para curá-la. O que fazer?

Há outro exemplo com a mesma estrutura analítica que aparece no *Idea de Justiça*. Nele, Sen fala de três crianças, Anne, Bob e Carla que estão brigando para ver quem fica com uma flauta. Anne diz que a flauta tem que ficar com ela, pois ela é a única que sabe tocar. Bob diz que a flauta tem que ficar com ele, pois ele é a criança mais pobre entre eles e vindo de uma família muito pobre, nunca teve brinquedos. Ter a flauta o faria muito feliz dentro de uma vida muito infeliz. Por fim, Carla diz que a flauta tem que ficar com ela, pois foi ela que fez a flauta e ela deve ficar com o produto de seu trabalho. Em todas essas discussões, todos concordam com os fatos tais como postos. A Tabela 4 coloca de forma mais sistemática o que está em jogo nessas duas situações que Sen nos propõe.

O que Sen procura ilustrar com esses exemplos é que muitas vezes nos deparamos com princípios e escolhas respeitáveis, fundamentadas em justificativas plausíveis, e que não há nenhum problema na existência de princípios ou justificativas alternativas que competem pela nossa deliberação. Não precisamos desqualificar o argumento dos outros para não estar de acordo com eles. Isto porque nossas escolhas refletem nosso julgamento sobre qual tipo particular de informação é mais decisivo para cada caso. Em outras palavras, nossas decisões nem sempre precisam estar atreladas a alguma falha nas evidências consideradas, mas sim a qual tipo de informação damos maior peso.

Tabela 4 - O trabalho, a flauta e seus princípios

O trabalho	A flauta	Os princípios
Bishanno - infelicidade	Bob - infelicidade	Utilidade: o ponto principal é a métrica subjetiva, embora no caso de Bishanno se pudesse falar de uma consequência da pobreza anterior (utilitarismo clássico).
Rogini - doença	Anne – a que sabe tocar	Capacitações ou funcionamentos: em ambos os casos tratamos de considerações objetivas que não estão associadas a métricas subjetivas ou outros princípios (igualitário em capacitações).
Dinu - dinheiro	Carla – fez a flauta	Compaixão e mérito: parecem ser duas bases distintas, pois no caso de Dinu seria a compaixão com a pobreza, enquanto no caso de Carla seria o reconhecimento de seu esforço e mérito por ter feito a flauta (igualitarismo de renda).

Nesse sentido, dizer que optamos pelo pluralismo ou pela multidimensionalidade na avaliação de determinados fenômenos é uma condição necessária, mas longe de ser suficiente para resolver o problema. Por quê? Porque há um exercício avaliativo que não se pode deixar de lado: comparar, escrutinar, investigar cada base informacional e julgar, deliberar sobre distintos pesos que estas devem ter. Uma clara implicação é que um indicador não se torna melhor apenas por ter uma dimensão a mais, se essa dimensão não for considerada normativamente importante. Ou seja, que ela agregue algo de valor.

Cada abordagem avaliativa, como a abordagem das capacitações, ou o liberalismo de Rawls, o libertarianismo de Nozick, ou o utilitarismo de Bentham, segundo Sen, podem ser caracterizados por sua base informacional. O importante, nesse sentido, não é somente o que a abordagem inclui, mas também o que exclui. Por definição, informações que são excluídas não podem ter qualquer influência direta nos julgamentos feitos pela abordagem.

Uma curiosidade: em uma das discussões de nosso grupo de leitura, o professor Arne Moritz, que apresentou o capítulo 3 do DL ao grupo, notou que Sen dedicou 19 páginas para criticar o utilitarismo, 2 páginas para os libertários e apenas uma única página para Rawls. Isso não impede Sen de elogiar a teoria de Rawls como "a mais importante das teorias contemporâneas de justiça" (1999, p. 63). Apesar disso, não resta muita dúvida de que o grande embate que Sen propõe neste capítulo é com o utilitarismo. De certo modo, essa é uma consequência natural e esperada, dada a força que o utilitarismo tem como uma teoria ética na economia, não apenas em termos históricos, mas também pela sua influência na economia contemporânea. É igualmente de se esperar que ele desse essa atenção, considerando que o DL foi originalmente apresentado no formato de palestras aos funcionários do Banco Mundial (um lugar onde imagina-se que o utilitarismo continua tendo uma certa influência até hoje). O Quadro 7 aborda com maior atenção o utilitarismo.

Quadro 7 - O utilitarismo

Para Sen, o utilitarismo pode ser caracterizado por três componentes:

1. Consequencialismo: todas as escolhas devem ser julgadas pelas suas consequências, isto é, pelos resultados que geram;

2. *Welfarismo*: todas as escolhas devem ser julgadas em termos das suas utilidades. Esse termo não tem uma tradução natural para o português e por isso é usado assim mesmo.

3. Somatório das utilidades ou *"sum-ranking"*: todas as escolhas devem ser somadas e agregadas para que seu mérito conjunto possa ser avaliado; uma vez ponderadas elas dão origem a um *ranking* com as melhores opções.

Assim, claro, quando juntamos os componentes (1) e (2) temos que que cada escolha deve ser julgada nos termos das respectivas utilidades geradas. Quando adicionamos o componente (3) temos a fórmula utilitarista clássica. No utilitarismo contemporâneo não temos necessidade de dar conteúdo substantivo à utilidade, como no utilitarismo clássico. Portanto, não falamos diretamente de prazer, satisfação ou mesmo de felicidade, mas de uma representação matemática em geral, no espaço dos números reais, da satisfação de um desejo ou de uma escolha. O trabalho de Gerard Debreu e Paul Samuelson, entre outros, na segunda metade do século XX contribuiu muito para essa desvinculação do utilitarismo com qualquer teoria de cunho moral, tornando a utilidade a representação apenas de uma preferência ou de uma escolha.

Antes de apresentar as críticas de Sen ao utilitarismo eu gostaria, entretanto, de mencionar que o utilitarismo não é fácil assim de criticar, pois

---

tem muitas qualidades que devem ser consideradas e que não são plenamente comensuráveis com as suas críticas. Em outras palavras, estou dizendo que podemos viver com defeitos e qualidades da mesma abordagem e que para uma visão mais completa devemos considerar essas últimas também.

O próprio Sen reconhece esse ponto quando afirma que o utilitarismo tem alguns *insights*, tais como; i) destaca a importância de levar em conta os resultados de arranjos sociais e; ii) chama atenção para a necessidade de considerar o bem-estar das pessoas. Muitos filósofos como J.J.C. Smart e Bernard Williams consideram o utilitarismo como um sistema de moralidade pessoal ao invés de um sistema de decisão política ou social, como o faz Sen.

Apesar de suas falhas, não podemos negar, como destaca Bykvist (2010), que o utilitarismo tem virtudes como clareza, simplicidade, coerência interna e algum poder explanatório. Por sua vez, essa clareza, muitas vezes representada por uma análise custo-benefício, pode ser um ingrediente potente como peça de convencimento público. Ao revelar números, o utilitarismo passa a mensagem de uma análise técnica, imparcial, imaculada, alheia a interesses escusos. Fornece ingredientes poderosos para o debate público. O Rawls de *Teoria da Justiça* desconsiderava isso. O Rawls do *Liberalismo Político* não. Sen, por sua vez, sempre criticou o utilitarismo, mas sem afastar-se de alguns de seus méritos, como a "sensibilidade às consequências", termo que ele viria a consagrar como diferente do "consequencialismo" (por meio do qual sempre levamos em conta só as consequências).

Conto uma história. Uma vez fui chamado pela representante da ONU Mulheres no Brasil. Ela me ligou primeiro. Disse que queria fazer uma avaliação de impacto. Achei interessante. Estaria em Brasília para um outro projeto e fui para uma reunião com ela. Logo de cara, ela foi direta: "quero uma análise custo-benefício da legalização do trabalho doméstico no Brasil!". Na época tínhamos 6 milhões de empregadas domésticas no país, e apenas uma pequena fração desse número tinha carteira assinada. Ela explicou: "Estou cansada de levar minhas análises baseadas em direitos humanos, objetivos de desenvolvimento, planos estratégicos etc. ... ninguém ouve! Quero números para convencer!" Eu, gentilmente, expliquei para ela que essa não era a minha área de especialização, mas que se ela quisesse eu poderia indicar algum colega economista. Ela agradeceu e não quis. Acho que ela queria uma análise custo-benefício feita por um economista do desenvolvimento. Nunca soube o que aconteceu. Bom, vamos então às críticas de Sen ao utilitarismo!

Crítica ao consequencialismo: tudo o que não for consequência não entra no cálculo de maneira direta, mas somente pelas consequências indiretas que puder produzir. Desse modo, uma violação de um direito humano importa não pelo fato em si, mas pelas consequências que pode gerar. E se não gerar nenhuma consequência, ou se as consequências forem pequenas, pode até não importar muito.

Crítica ao *welfarismo*: Sen é claro em várias publicações que essa é a característica mais daninha do utilitarismo uma vez que transforma tudo o que acontece em uma única métrica, a da utilidade. Desse modo, uma situação na qual tivéssemos uma violação de direitos humanos, digamos, a imposição de uma ditadura em algum país, baseada na tortura dos dissidentes e que fosse também responsável por uma taxa de crescimento econômico espetacular, para que soubéssemos o quão boa ou ruim seria essa situação deveríamos combinar esses elementos de natureza qualitativamente distinta em uma métrica, a da utilidade, para ver em balanço, se isso seria algo bom ou ruim. Assim, seria contingentemente possível que a ditadura levasse a uma situação desejável do ponto de vista *welfarista*.

Este é um ponto importante. Vamos parar aqui um segundo para uma metáfora. Imagine que você está fazendo o seu bolo favorito. Suponha que precise de ovos, farinha, leite, fermento e o seu ingrediente favorito. No momento em que a receita começa você pode ver todos esses ingredientes, não? Pois em algum momento chega a instrução que diz "misture tudo até a massa parecer homogênea". Bom, isso é o que o *welfarismo* faz: transforma tudo que possui características diferentes em uma massa homogênea, de tal modo que tudo que se podia ver e ponderar qualitativamente agora somente pode ser distinguido pelas quantidades que representam.

Crítica ao somatório das utilidades: quando somamos tudo, perdemos a perspectiva distributivista que deveria cercar considerações éticas. A maximização de utilidade acontece independente de como se dá a distribuição das utilidades entre as unidades envolvidas. Quando combinamos tudo junto (e misturado!) podemos ver como o PIB (produto interno bruto) exerce uma fascinação sobre os economistas. Lembro do clássico de Edmar Bacha, "Os Mitos de uma Década" (1976) que incluía o seu conto sobre a "Belíndia", a história de um economista que procurava dar alternativas a um rei – desse reino que era uma simbiose entre Bélgica e Índia - para medir o bem-estar de sua população. Nunca esqueci de uma de suas linhas finais: "o rei compreendeu então que o PIB era uma espécie de Felicitômetro dos ricos". Não vou dar o *spoiler* de como acaba esse conto para quem quiser ler, mas deixo aqui essa reflexão que reflete em grande parte a crítica de Sen ao somatório de utilidades, vistas aqui na sua contrapartida monetária.

Cabe destacar que a principal crítica de Sen ao utilitarismo é maior do que a soma das críticas de suas partes. Ele destaca que o grande problema é que o utilitarismo puro, na sua versão subjetivista, não tem como proceder a comparações interpessoais e como tal, é silencioso sobre questões que envolvem outros espaços informacionais. Mesmo quando essas comparações de utilidade são transformadas em comparações entre rendas reais o problema persiste e é caracterizado pela hipótese arbitrária de que as pessoas adquirem o mesmo nível de utilidade a partir das mesmas mercadorias. Seguindo o mesmo tom que dá as demais críticas, Sen argumenta que o problema da perspectiva utilitarista pode ser visto através de suas *limitações*:

a. indiferença distributiva, combinando o *welfarismo* com o somatório das utilidades

b. desconsideração de direitos, liberdades e outras preocupações não-utilitárias, pelo consequencialismo e *welfarismo*

c. adaptação e condicionamento mental, como preferências adaptativas

Para os interessados no problema das preferências adaptativas, comento apenas que esse problema foi introduzido pelo Isaiah Berlin no final da década de 1960 no seu ensaio "Dois Conceitos de Liberdade" e desenvolvido por John Elster em vários de seus livros, como o "*Sour Grapes*" ("uvas azedas") de 1983. Tanto Martha Nussbaum quanto Sen, recorrem a esse conceito de forma extensiva em seus trabalhos, por ser uma das falhas mais grandes que pode ter o utilitarismo ao tomar como dado uma informação do indivíduo que pode ser distorcida ou enviesada pela dureza ou pelas condições opressivas nas quais vive. O fato é que as pessoas oprimidas tendem a naturalizar parte da opressão que sofrem, pois, caso contrário a própria vida seria um martírio constante.

Para finalizar esse quadro, conto uma história. Era 2006. Éramos um grupo grande de pesquisadores da UFRGS e da Pontifícia Universidade Católica do Rio Grande do Sul (PUCRS) fazendo pesquisa sobre pobreza em Porto Alegre. Uma parte da pesquisa interessava ao pessoal do Globo Repórter. Com eles, subimos (e descemos) a Vila Pinto munidos de questionários. Nunca esqueci uma conversa que tive com um rapaz que parecia muito, muito pobre e que foi acompanhada pelas câmaras do Globo Repórter. Por quê digo isso? Porque ele estava muito sujo, com as roupas esfarrapadas, não tinha metade dos dentes, parecia jovem, mas muito maltratado pela vida, parecia muito desnutrido. Na pesquisa, fazíamos várias perguntas sobre recursos e capacitações e quando chegávamos no final fazíamos uma pergunta sobre bem-estar subjetivo (sobre utilidade). Lembro de ter perguntado a ele: "se 1 é o mínimo e 10 é o máximo, de 1 a 10, o quanto você é feliz com a sua vida?". Ele, sem hesitar, me respondeu, "20!". A resposta dele foi tão inesperada que eu não reagi com um "como?". Lembro da minha perplexidade. O primeiro pensamento que tive é que talvez o rapaz não soubesse contar (um pensamento que não se mostrou de todo infundado ao final da entrevista). Mas, de modo natural, perguntei, "por quê?". O mais incrível é que até hoje lembro de suas palavras. Ele disse: "porque os irmãos da igreja têm me tratado bem recentemente". Eu respondi: "então, isso é pouco feliz, bastante feliz ou muito feliz?" Ele respondeu: "muito feliz, não tudo". Acabamos colocando um "9" na resposta dele.

A lição que esse rapaz nos deixou foi muito importante. Ele mostrou que o problema das preferências adaptativas não é apenas um problema de viés quantitativo no qual alguém superestima sua felicidade por ter que sobreviver em meio a condições opressivas (ou seja, não é uma questão que alguém marca um valor alto quando deveria marcar um valor mais baixo em uma escala qualquer). O problema é mais complicado, pois envolve a escolha de critérios ou espaços informacionais que o entrevistador pode não ter a mínima ideia de sua influência (ou seja, é um problema de escolha entre escalas). Nesse caso não houve nenhum disparate. Se o rapaz sempre foi pobre, ele deve ter normalizado sua pobreza, como previsível, para poder suportar o sofrimento e deve balizar suas avaliações pelo o que acontece nas relações interpessoais (como destacado pela literatura da felicidade). Em resumo, podemos dizer que as escalas subjetivas nem sempre podem ser universalizadas, porque podem vir com distorções que ocorrem dentro das escalas e entre escalas. O *welfarismo* impõe, com o uso de escalas subjetivas, uma homogeneização de critérios e escalas que pouco corresponde aos desafios éticos enfrentados pelas pessoas em suas avaliações cotidianas da vida.

Na crítica que Sen faz a Rawls e ao seu princípio da liberdade, ele começa criticando Nozick que, segundo Sen, defende de maneira muito mais extremada que Rawls a "prioridade da liberdade". Para Sen, não está certo que alguns princípios de liberdade tenham uma importância absoluta em relação a outros princípios de direitos sociais. Por um lado, Sen elogia Rawls por ter uma formulação "comparativamente moderada", em parte porque o número de direitos que têm precedência é muito menor. Por outro, ele o critica por manter a precedência completa desses direitos.

Para mim, é difícil entender essa crítica do Sen por dois motivos. Primeiro, pois toda a discussão anterior sobre liberdades substantivas - muitas de caráter político, como as sobre liberdades democráticas - enfatiza como elas são importantes a despeito de suas consequências. Segundo, porque parece que ele está assumindo alguma forma de comparabilidade ou comensurabilidade entre esses tipos de liberdade, o que o aproxima do *welfarismo*, justo a característica do utilitarismo mais criticada por ele.

É verdade que esse debate começou com o artigo de Herbert Hart justo após a publicação de *Uma Teoria da Justiça*. Mas a solução proposta por Sen, de que a liberdade deve ter prioridade, porém, não a ponto de desprezar necessidades econômicas, abre a porta para versões moderadas do utilitarismo, perdendo a natureza deontológica do argumento de Rawls.

Em outras palavras, a crítica que Sen faz a Rawls poderia ter vindo de um economista utilitarista para o qual não existem incomensurabilidades entre variáveis que compõem o bem-estar dos indivíduos. Na prática, a mudança de uma "precedência" para um "tratamento especial" deixa um pouco vaga a proposta de Sen de dar à liberdade (em particular liberdades políticas e de direitos civis) uma posição de assimetria com vantagem em relação a outros tipos de vantagem individual. Isso não quer dizer, contudo, que o significado político da liberdade não transcenda os benefícios pessoais que possa dar às pessoas. O argumento de Sen é sutil: se restringe aos benefícios individuais e trata de uma questão de ênfase.

O argumento contra Nozick parece mais claro: Sen critica o consequencialismo, mas não abre mão que de alguma forma sejamos sensíveis às consequências em nossas avaliações. A defesa de regras e protocolos de forma independente de suas consequências, em especial em termos de liberdades substantivas, não pode constituir, segundo Sen, uma base adequada para um sistema avaliativo aceitável. Parece fácil concluir então que a base informacional do libertarianismo é muito limitada.

Há um elemento que poderíamos chamar de antropológico e que é central a toda essa discussão proposta por Sen: a diversidade humana. Para ele, a humanidade pode ser diversa de modos diferentes. E se somos diferentes, isso significa que a maneira pela qual convertemos recursos em funcionamentos e capacitações deve também ser distinta.

Esses elementos são apenas a ponta do *iceberg*. A diversidade humana não é restrita às características particulares dos indivíduos. As pessoas podem ser diferentes em função também do contexto em que existem e por meio do qual reproduzem suas práticas. Sen fornece uma lista relativamente robusta de diversidade e heterogeneidade. Mas antes de entrar nessa lista, quero ilustrar um tipo de heterogeneidade que tem a ver com a idade, mais exatamente, com o envelhecer. Não, não vou falar do excelente *"Aging Thoughtfully"* de 2018 da Martha Nussbaum, mas da minha avó.

Figura 7 - A diversidade humana

Conto uma história. Quando eu era criança passava muito tempo com a minha avó. Ela morava com um tio solteiro. Quando ele viajava, eu muitas vezes passava os fins de semana com ela. Também passava muito tempo com ela na praia, naqueles tempos em que o veraneio começava em janeiro e terminava em março. O fato é que tenho essa lembrança de infância de acompanhar minha avó, ao longo de seus 70s, em várias visitas a suas amigas. Nunca esqueci essas visitas a algumas senhoras que para mim, como criança, pareciam ter mais de 100 anos. Bom, o interessante é que essas visitas sempre tinham o mesmo roteiro de conversa entre minha avó e suas amigas: primeiro perguntavam onde andavam seus filhos, depois falavam das outras amigas e das conhecidas, perguntando umas às outras, quem estava viva e quem tinha morrido. Depois, começavam a falar dos seus problemas de saúde (essa era a parte mais longa da conversa). Por fim, sempre encerravam em um tom de júbilo, celebrando que até que elas estavam bem. Na época, eu achava isso tudo muito engraçado, mas hoje vejo isso como algo natural que se reflete no decorrer de nosso ciclo de vida, de modo que vamos desenvolvendo prioridades compatíveis às etapas deste ciclo. Para a minha vó, com 70-80 anos, o importante era cuidar da saúde e ir à igreja. Mas cada um de nós teve e terá suas prioridades pessoais que, de certo modo, devem refletir também nossa idade e ciclo de vida.

Se pararmos para pensar, o IDH capta também movimentos que distintos grupos etários têm ao longo de suas vidas. Quando somos crianças, talvez o mais importante seja mesmo sobreviver. E a expectativa de vida ao nascer está fortemente relacionada com a mortalidade infantil. Depois, quando somos maiorzinhos nossas vidas são dominadas pelo mundo escolar (a educação entra como expectativa de vida escolar no IDH e como anos médios de estudo para as pessoas com mais de 25 anos) e quando abrimos os olhos já ingressamos no mundo produtivo (onde a renda nacional bruta, medida do IDH para essa fase, faz todo o sentido). Por fim, no final da vida, voltamos a preocupar-nos com a saúde e o ciclo parece que se completa. Veja que esse é apenas um entre os vários fatores de variabilidade paramétrica discutidos por Sen. Segue a lista completa:

1. Heterogeneidades pessoais: é a base do que foi discutido antes; as pessoas têm características físicas e psicológicas distintas que podem afetar o modo pelo qual convertem recursos em funcionamentos e capacitações.

Uma pessoa doente precisa de mais dinheiro para enfrentar sua doença, uma pessoa com maior deficiência de aprendizagem, mais horas de estudo, uma pessoa grávida vai precisar de maior ingestão nutricional etc.;

2. Diversidades ambientais: pessoas que vivem em climas mais frios precisam de aquecimento e roupas mais quentes que outras que vivem em um clima mais quente e que não necessitam destes itens; pessoas que vivem em lugares onde chove muito precisam de abrigo da chuva e assim por diante;

3. Variações no clima social: as condições sociais nas quais as pessoas vivem, incluindo se vivem em ambientes violentos, com crimes etc. influem no volume de recursos que as pessoas necessitam. Também deve-se considerar o capital social de onde as pessoas vivem e que em ambientes de desconfiança podem adicionar dificuldades maiores de conversão de recursos em funcionamentos de valor;

4. Diferenças em perspectivas relacionais: convenções e costumes afetam o consumo de bens necessários para que as pessoas possam ter alguns funcionamentos básicos, como inserção social. Sen menciona o ponto de Adam Smith sobre "poder aparecer em público sem vergonha", como a função da roupa que se veste. Assim, em uma sociedade mais rica, ou em contextos sociais mais ricos, pode ser que as pessoas tenham que gastar mais apenas para satisfazer as demandas do autorrespeito. O próprio Sen reconhece que alguns bens podem ser importantes atualmente para esse objetivo de autorrespeito e inclusão, tais como um carro ou um *smartphone*;

5. Distribuição dentro da família: o bem-estar de cada pessoa dentro das famílias depende em grande parte de como essas famílias repartem seus recursos. Algumas famílias podem achar que não devem investir na educação das meninas. Outras podem achar que qualquer investimento em educação é um desperdício de dinheiro etc.. As famílias definem

prioridades e com elas como os recursos são compartilhados e transformados em funcionamentos e capacitações de valor.

Quadro 8 - A maldição de pagar três vezes pelos serviços públicos no Brasil

Tenho uma tese sobre uma suposta maldição que assombra as classes médias brasileiras. Essa maldição é fruto do desprezo das mesmas pela provisão de bens públicos de qualidade para todos. Como tal, é uma "variação no clima social" no sentido definido por Sen. Moldada pelo ambiente de alta desigualdade no Brasil que faz com que as classes médias achem normal pagar privadamente por serviços públicos, talvez como um sinal de distinção *à la* Bordieu de sua posição social. O que acontece é que de alguma forma as classes médias, através de seus impostos, pagam por serviços básicos que acabam não usando, como saúde e educação. Pagam então pela segunda vez por esses serviços quando os contratam privadamente, como uma escola privada para o filho/a ou um plano de saúde para a família. Mas isso não é suficiente e acabam pagando pela terceira vez quando acabam colocando os filhos em uma escola de inglês, ou para fazer esporte em um clube etc. ou mesmo, na área da saúde, quando pagam um médico ou exame particular. Do mesmo modo, as classes médias pagam para ter segurança pública. Como não se sentem seguras, pagam pela segunda vez para ter portaria ou segurança na rua. E como isso parece que também não adianta, pagam para ter câmeras e equipamentos de monitoramento. A principal lição dessa maldição, no meu entendimento, é que pagamos várias vezes por serviços que deveriam ser públicos e de qualidade para todos. Vivemos assim uma tragédia dos comuns, alimentada pela polarização e pela desigualdade social no país.

A mensagem de Sen pode ser às vezes um pouco sutil: recursos são um guia limitado de bem-estar e qualidade de vida pois estão sujeitos a variações paramétricas importantes, que se não forem consideradas podem distorcer as avaliações. Sen não quer se livrar dos recursos ou de outros espaços informacionais, apenas deseja construir avaliações que trabalhem com uma ampliação dos mesmos. Nesse sentido, podemos dizer que Sen segue os passos de J.M. Keynes ao propor (não com esse nome) uma "teoria geral dos espaços informacionais" através da abordagem das capacitações. Claro que quando ele critica os outros espaços isso fica menos evidente, pois ao invés de propor uma metodologia particular para articulá-los, ele prefere diminuí-los pelas suas limitações. Mas Sen faz isso em um arcabouço que é geral. Vamos ver um exemplo no Quadro 9.

Quadro 9 - Como Sen fala

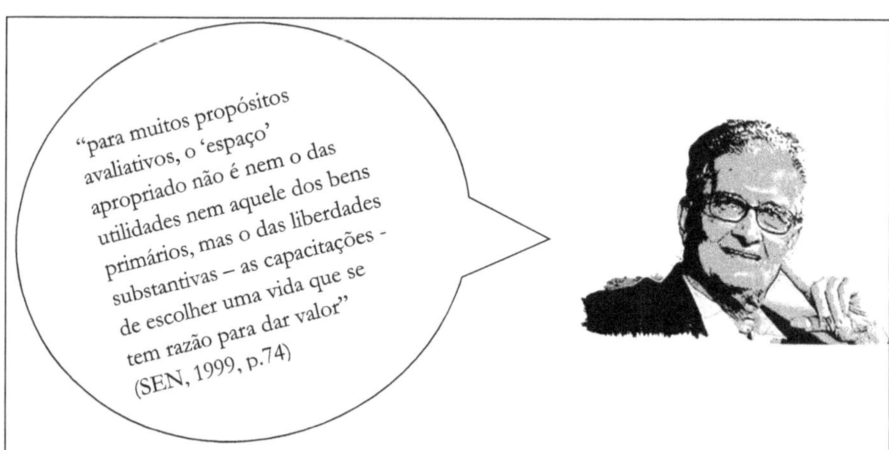

Sem prestar muita atenção podemos rapidamente concluir que seguindo a abordagem das capacitações não devemos usar nem utilidades, nem bens primários nas avaliações de bem-estar de indivíduos ou de estados de coisas, de modo a concentrar nossas atenções exclusivamente no espaço das capacitações. Mas note como Sen inicia essa frase dizendo, "para muitos propósitos avaliativos". Ele não está dizendo que é para a "maioria dos propósitos avaliativos", está simplesmente dizendo que vale para um bom número deles, estando longe, portanto, do que seria o "todo" desses propósitos. Isso deixa margem para o uso de espaços de utilidades ou mesmo talvez de bens primários para alguns (nem que sejam poucos) propósitos avaliativos.

Nessa sequência, Sen, entretanto, propõe que a oportunidade real de uma pessoa na realização de seus objetivos leve em conta "não somente" os bens primários, mas também características pessoais relevantes que comandem a conversão dos bens primários na habilidade da pessoa promover seus fins.

A abordagem das capacitações não trata de tudo que se precisa saber dentro das avaliações propostas por Sen. Ela contempla exclusivamente a questão dos espaços informacionais, que para Sen são plurais. Nesse contexto, a melhor maneira de entender a crítica que ele faz aos espaços informacionais tradicionais, como utilidade, recursos ou mesmo direitos, é que eles são incompletos, limitados em si mesmos e que precisam ser complementados por uma análise dos funcionamentos e capacitações que produzem. Repetindo: funcionamentos consistem naquelas realizações que as pessoas podem ser ou fazer. De preferência devemos tratar não de quaisquer funcionamentos, mas daqueles que as pessoas têm razão para considerarem importantes. Por sua vez, capacitações são combinações alternativas de funcionamentos que são possíveis de serem atingidos pelas pessoas. Por isso, Sen chama as capacitações de tipos de liberdade, porque elas representam possibilidades de realização de funcionamentos alternativos.

Em termos formais, isso nos leva a falar em "conjuntos capacitários". Um ponto interessante é que um conjunto capacitário não precisa ser avaliado pelo valor de sua melhor alternativa, como fazemos em economia quando avaliamos uma cesta de bens dada uma restrição orçamentária. Do ponto de vista processual (lembre da discussão sobre resultados abrangentes!) é importante ter alternativas que não são escolhidas. Formalmente podemos dizer que escolher x quando somente temos x é diferente de escolher x quando outras alternativas existem.

Alguns de meus ex-alunos talvez lembrem do exemplo que eu dava em aula para trabalhar essa intuição. Eu colocava uma situação hipoteticamente romântica entre um aluno e uma aluna qualquer (sempre destacando que seria igual se o exemplo fosse com pessoas de um mesmo gênero) e dizia a um deles que ele ou ela tinha duas opções de cantadas. Na primeira, que eu denominava de "cantada brega", a pessoa chegava para a outra e dizia: "de todas as estrelas do céu você é a que mais brilha!". Brega que dói, verdade? Na segunda, era a "cantada pragmática": "aqui tô eu, aí, tá tu, já que não tem mais ninguém, vai tu mesmo!". E perguntava ao aluno ou a aluna, qual – desse universo de escolhas trágicas - escolheria. Invariavelmente as pessoas escolhiam a "cantada brega", pois percebiam que o ato de escolher tem valor quando materializa um processo onde é importante contar com alternativas. A intuição é clara: o ato de escolher pressupõe alternativas. Quanto mais difíceis as alternativas, mais importante é a escolha. Esse exemplo sempre rendeu boas gargalhadas nas turmas. Mas sem dúvida, o mais relevante neste exemplo, sempre foi a reflexão acerca da importância das alternativas não escolhidas dentre os processos de escolha.

Se formos muito rigorosos com Sen, devemos separar o que é parte da abordagem das capacitações do que é parte da sua abordagem geral, que obviamente inclui a abordagem das capacitações, mas não pode ser resumida a ela. Há toda uma discussão focada nos *processos de escolha* que transcendem o modo pelo qual os espaços informacionais são trabalhados. Podemos assim dizer que há, nos exercícios avaliativos necessários para a escolha dos funcionamentos e capacitações, uma estrutura analítica que transcende a pluralidade informacional. Ela começa com a necessidade de explicitarmos a maneira pela qual julgamos, deliberamos, ponderamos, escrutinamos, discernimos, comparamos e assim por diante os diferentes elementos envolvidos dentro dos atos de escolha. Tudo isso poderia ser feito somente com utilidades, bens primários ou mesmo com capacitações. Entretanto, a abordagem das capacitações enfatiza que o foco informacional deva ser dado a funcionamentos e conjuntos capacitários.

Podemos classificar a abordagem das capacitações em duas visões básicas:

i)   a *visão estreita* da abordagem das capacitações: sugere que sejam consideradas apenas os funcionamentos e as capacitações nas avaliações de bem-estar dos indivíduos ou das políticas de desenvolvimento em geral. Essa visão pode parecer conveniente, dadas as limitações de outros espaços informacionais. Neste caso, o pluralismo informacional defendido por Sen seria um pluralismo definido apenas pelos espaços das realizações (ou vetores de funcionamentos);

ii)   a *visão ampla* da abordagem das capacitações: essa visão, que também se encontra dentro do DL, está baseada no argumento de que a perspectiva das capacitações não esgota todas as preocupações relevantes para propósitos avaliativos. Assim sendo, o ponto central consiste em como combinar o espaço das capacitações com outros espaços informacionais, incluindo o peso que deve ser dado a estas *vis-à-vis* outras considerações. Neste aspecto, o pluralismo informacional atinge sua plenitude no trabalho de Sen, pois inclui o pluralismo nas capacitações e entre os espaços informacionais. De certo modo, esta é a visão mais coerente com a abordagem total de Sen. A importância que ele dedica à deliberação e ao escrutínio, em contraposição a avaliações mecânicas, surge das dificuldades naturais em se juntar considerações de natureza informacional distintas. A visão ampla da abordagem das capacitações tem uma fundamentação antropológica no trabalho de Sen. Podemos constatar isso, por exemplo, quando ele afirma que "Insistir no conforto mecânico de ter somente uma 'coisa boa' homogênea seria negar nossa humanidade como criaturas pensantes" (1999, p. 77).

Pluralismo tem a ver com heterogeneidade. Tem a ver com a dificuldade e complexidade do ato de escolher e deliberar. Assumir uma categoria homogênea de análise, como a utilidade, ou mesmo a representação de nossas preferências em uma escala (ou várias) de números reais, é bacana para operacionalizar teorias e chegar a conclusões propositivas. Que não se negue o mérito do utilitarismo nisso. Mas por outro lado, muito sobre a natureza humana é deixado debaixo do tapete do ponto de vista teórico e empírico.

Não tenha dúvida, o principal argumento de Sen para dizer que a sua abordagem das capacitações (que não é toda a história de sua abordagem geral, como já alertei) é a melhor bolachinha do pacote, é que ela não é uma bolachinha a mais. Ela é o pacote. Isto é, um argumento pelo pluralismo informacional que vê na deformação da informação subjetiva, na variação paramétrica dos recursos e na necessidade de realização de direitos, uma justificativa geral para uma abordagem mais rica do ponto de vista dos espaços informacionais. Claro, não resta dúvida de que com essa posição acabamos multiplicando o grau de dificuldade das questões operacionais devido a essa complexidade informacional. Mas Sen propõe uma estratégia fundamentada na escolha social e na necessidade de *avaliações pensadas* (ou fundamentadas na razão). Temos assim que:

a.   para o indivíduo: essa ponderação demanda reflexão;

b.   para a sociedade: essa ponderação requer reflexão individual e consensos interpessoais. Em uma democracia isto demanda discussão pública, entendimento e aceitação das visões dos demais.

A questão da ponderação não é uma questão técnica para Sen, é antes de tudo uma questão de avaliação e de julgamento pessoal e coletivo. A alternativa ao não se considerar esse aspecto, é deixar-se levar pelas ponderações implícitas que existem em análises focadas unicamente na renda dos indivíduos. O problema é que muitas vezes essas análises dão um peso zero a assuntos importantes como liberdades políticas, direitos humanos ou mesmo a saúde e a educação de uma população. Acabamos tendo que justificar atenção a esses assuntos pelo seu impacto em termos de renda e não pelo valor real que oferecem à sociedade.

A visão ampla da abordagem das capacitações encontra também suporte na discussão que Sen faz sobre a melhor estratégia prática de avaliar uma política pública. Ele é muito claro quando afirma que os méritos conceituais da abordagem "não implica[m], contudo que o foco prático de atenção mais produtivo deva ser invariavelmente em medidas de capacitações" (1999, p.81). Algumas vezes, Sen admite que se pode começar avaliando a renda ou outros dados que estejam disponíveis. Para tanto, concebe três abordagens práticas alternativas que podem ser inspiradas na abordagem das capacitações:

1.   A abordagem direta: de algum modo essa seria a abordagem ideal para Sen, onde examinaríamos diretamente os vetores de funcionamentos e capacitações. O foco seria em *rankings* (ou ordenações) que poderiam ser totais, parciais ou focadas em alguma característica particular;

2.   A abordagem suplementar: essa seria uma abordagem mais tradicional, usando a renda como a base das avaliações, mas complementando, de maneira quase informal, essa análise com informações sobre capacitações;

3.   A abordagem indireta: esta seria uma variante da segunda, mas com a diferença de que levaria a um ajuste da renda. Na linha do que já fazem as escalas de equivalência utilizadas para ajustar rendas familiares a

perfis distintos. Sen vê uma vantagem nessa abordagem, que é o uso de um conceito familiar como é o de renda, o que facilitaria o uso de uma métrica mais fácil de interpretar. Por outro lado, não se poderia escapar das questões paramétricas de conversão bem como dos *trade-offs* entre capacitações diferentes. Mas atenção: uma coisa é ver a renda como uma unidade de medida e outra como veículo da redução da desigualdade, nem sempre transferir dinheiro é o melhor meio de reduzir a desigualdade ou a pobreza. Pode até mesmo enganar quando uma pequena redução na renda de uma família afeta muito suas chances de sobrevivência.

Não podemos negar que é muito interessante tudo o que o Sen propõe. Mas não deixa também de ser um pouco frustrante que ele chegue ao final desse capítulo sugerindo uma integração de somente dois dos espaços informacionais examinados. Esta inflexão passa a ideia de que se as avaliações de renda forem complementadas de algum modo por avaliações de capacitações, todo o exercício conceitual proposto pode ser materializado. Em minha opinião, Sen fica devendo um arcabouço no qual pudéssemos sistematizar os quatro espaços informacionais mais importantes que ele trata: bem-estar subjetivo/utilidade; recursos/renda/bens primários e; direitos e funcionamentos/capacitações. Fica claro que ele não deseja um *método*, no sentido de um procedimento mecânico que possa ser aplicado sem a necessidade de deliberação sobre as situações em questão, mas sim uma *abordagem*, entendida como um conjunto de princípios que possam ser aplicados discricionariamente durante a avaliação em questão. Sua abordagem, contudo, poderia estimular uma estratégia de escrutínio dos espaços informacionais de maneira mais ampla e sistemática.

CAPÍTULO 4

POBREZA COMO PRIVAÇÃO DE CAPACITAÇÕES

Sen não nega que insuficiência de renda pode ser uma das causas mais importantes da pobreza. Mas ele propõe que vejamos a pobreza não somente como isso, mas como uma privação de capacitações básicas. O que isso significa? Que não basta olharmos para aqueles fatores que são instrumentalmente importantes, como a renda, mas para aqueles que são intrinsicamente importantes para a avaliação de como as pessoas estão. Ademais, além de uma baixa renda, outros fatores podem causar a pobreza.

Por trás desse argumento está o seu pressuposto antropológico básico, de que a natureza humana é diversa, assim como o contexto que a cerca. Isto faz com que seja sempre necessário que falemos de fatores de conversão da renda ou de outras formas de recursos quando analisamos como as pessoas realmente estão.

Do ponto de vista analítico, a mensagem é muito clara: a renda importa sim, mas parametricamente, o que nos leva a querer saber o que acontece em termos de subgrupos que são formados de acordo com as características individuais e contextuais das pessoas, tais como sua idade, gênero, raça etc. . Em outras palavras, esses elementos afetam instrumentalmente o modo como as pessoas convertem - ou usam - a renda em funcionamentos e capacitações, e constitutivamente como compõem seu bem-estar e autonomia.

Sen não parece muito interessado nas questões de subjetividade relativas à pobreza. Tampouco fala muito da questão de direitos, como direitos humanos. Mas poderia. O Relatório de Desenvolvimento Humano de 2006 sobre a questão da água argumenta que a água é um direito humano. Define como 20 litros per capita/dia o mínimo que um ser humano deveria ser capaz de acessar. O que pode ser mais desumano do que uma pessoa não ter o suficiente de água por dia? Mas não, esse não é um ponto examinado por Sen. Ele tem um objetivo muito claro neste capítulo. Mostrar que há uma visão da pobreza que pode ser construída além da renda sem, no entanto, negar seu papel.

O instrumento analítico mais poderoso que Sen apresenta é o combo *privação relativa/absoluta* por meio do qual ele mostra como privações relativas de renda (ou de recursos) podem levar às privações absolutas em termos de capacitações. Este é um ponto especialmente importante para sua interpretação da pobreza em países mais ricos, onde as pessoas podem ser pobres em termos relativos, privados de funcionamentos sociais em termos absolutos. Um exemplo é como o desemprego pode deixar danos psicológicos nas pessoas. Sen não pode ser acusado de desconsiderar o papel da renda, pelo contrário, pois ele reafirma muitas vezes que "a renda é um meio muito importante para as capacitações" (1999, p.90). Um meio. Que implicação isso tem? Que não se deve justificar investimentos em educação, saúde etc. pelos seus resultados em termos de renda. Isso para ele é confundir meios com fins. Ao invés, esses investimentos são importantes por si sós e não necessitam uma justificativa econômica para sua implementação.

Quadro 10 - A importância da cerveja

Conto uma história. Logo depois que terminei o meu doutorado e comecei um trabalho de pesquisa com Frank Carey, diretor do *Von Hugel Institute*, do *St Edmund's College*, de Cambridge passei a acompanhar as discussões sobre pobreza na Inglaterra. Lembro que o Frank, isso lá por 2000, insistiu que fôssemos a Londres para ver um seminário de uma pesquisa que desde 1983 se fazia na Inglaterra chamada *Breadline Britain*. Era um *survey* que captava as percepções das pessoas pobres sobre as mínimas necessidades humanas que deveriam ser satisfeitas por uma linha de pobreza relativa. Em outras palavras, um questionário que perguntava às pessoas pobres qual era o mínimo que elas deveriam ter ou fazer para ter uma vida decente, dadas as idiossincrasias da sociedade britânica. Não tratava de critérios de sobrevivência ou mesmo de fome. Tratava do mínimo para uma vida com alguma dignidade.

Lembro de uma longa discussão entre os participantes do seminário sobre a questão do vestuário e depois disso, no item alimentação, se mencionou 1 *pint* (570 ml) de cerveja para homens e ½ *pint* (284 ml) de cerveja para mulheres e todos, sem exceção, na mesa que debatia longamente cada um dos itens da pesquisa, concordaram sem hesitação, de forma quase imediata, sobre sua necessidade. Eu lembro de ter saído desse seminário com um sentimento de confusão. Como eles podiam ter decidido tão rapidamente sobre a cerveja, que parecia um luxo, quando tinham demorado tanto sobre outros pontos que pareciam mais próximos de necessidades básicas? Preocupado com a pobreza absoluta eu tive alguma dificuldade em entender do que se tratava a pobreza relativa. Os participantes do seminário tinham claro, entretanto, que essa privação relativa dos mais pobres não poderem ir ao *Pub* pelo menos uma vez por semana significava uma privação absoluta no espaço da exclusão e da autoestima das pessoas. A cerveja era (e talvez ainda o seja) mais do que um recurso: é uma carta de inclusão na sociedade inglesa, e em muitas outras sociedades.

Quando falamos de pobreza, assim como de desigualdade, temos como pano de fundo a escolha de qual conceito de justiça social temos em mente. Surge de forma natural uma tensão entre considerações agregativas e distributivas. Sen considera três modelos de justiça:

a.   o modelo de Smith, baseado na ideia do espectador imparcial, mediante o qual as pessoas olham para as demais colocando-se no seu lugar, com toda a informação objetiva e circunstancial, mas sem deixar-se levar em conta pelos seus interesses pessoais;

b.   o modelo de Rawls, baseado na ideia da posição original e do véu da ignorância, pelo qual as pessoas decidem sobre os princípios constitucionais, sem saber a sua posição na sociedade;

c.   o modelo de Scanlon, baseado na ideia daquilo que as pessoas não podem rejeitar de modo razoável e que dá grande ênfase aos critérios de justificação às demandas que as pessoas podem impor umas sobre as outras.

É uma pena que Sen não engaje sua análise de maneira mais profunda com esses modelos. De algum modo, parece que ele tenta interagir com aspectos comuns a essas perspectivas. Isso não é uma tarefa especialmente difícil, pois existem claras sobreposições nesses três modelos, a mais evidente delas centrada na ideia de justiça como imparcialidade.

De fato, esse elemento Smithiano aparece na teoria de Rawls como uma função justificatória, dentro do papel da razão pública, que não está de todo distante do pregado por Scanlon. Não que Sen deixe, de todo, de caracterizar algumas diferenças entre esses autores. Mas seu foco está na relação entre a renda e a desigualdade nas capacitações. Nesse contexto, Sen compra uma briga interessante: argumenta que um foco absoluto na desigualdade de renda dá uma melhor impressão do que acontece na Europa Ocidental do que nos Estados Unidos, mas que quando consideramos o desemprego, a figura é outra, com uma vantagem para os americanos que têm níveis mais baixos de desemprego. Verdade. Depois de 20 anos parece que essa realidade não mudou muito. Olhando as estatísticas do *"Eurostat* e do *US Bureau of Labor Statistics"* fica claro que o desemprego na Europa se situava em 6.7% em 2019 enquanto para os EUA estava em 3.5% (melhor não falarmos de 2020, por causa da pandemia).

O que parece estar por trás de tudo é como europeus e americanos possuem diferentes éticas sociais. De um lado, os americanos não apoiam seus pobres e indigentes, mas são intolerantes ao desemprego. De outro, os europeus toleram o desemprego, mas apoiam muito mais seus pobres. Esse é um ponto fundamental para entender a razão pública em partes diferentes do mundo. O melhor livro que conheço sobre o tema, que já mencionei antes, foi publicado em 2004 por Alberto Alesina e Edward Glaeser. Em particular, gosto muito do capítulo 7 que trata da "Ideologia da Redistribuição". Usando o *"World Values Survey"*, os autores notam que os europeus acreditam que as pessoas pobres estão presas em sua pobreza por forças que transcendem seu controle, enquanto que os americanos acreditam que isso não é o caso e que os pobres são pobres por falta de esforço. Há, assim, claramente um divisor de águas entre as crenças que americanos e europeus têm sobre a origem da pobreza. O interessante é que essas crenças (ou "ideologias", como chamam os autores) afetam a propensão que os cidadãos têm ou não de apoiar políticas distributivas. Seriam as crenças causas últimas determinantes de estados de bem-estar social? Em outras palavras, será que os mecanismos geradores da distribuição de renda entre ricos e pobres são influenciados pela ideologia das pessoas? Ou seriam as ideologias um produto de agendas políticas resultantes das políticas nacionais de bem-estar social? O debate aberto por Alesina e Glaeser é fascinante e se mostra mais relevante em 2020 do que nunca. No centro de tudo, está a imagem social que é construída sobre o caráter das pessoas pobres (e seu respectivo grau de merecimento). Podemos representar o esqueleto desse argumento pela Figura 8.

Figura 8 - Crenças e políticas sociais

Dois pontos merecem atenção. O primeiro é que o mecanismo chave da proposta de Sen, materializado no conceito de razão social, é no fundo um resultado não apenas da "razão" *qua* razão, mas dos processos de formação das crenças sociais de determinadas sociedades. O segundo é que a visão que as pessoas não-pobres têm das pessoas pobres parece ser chave para entender como essas crenças são formadas. A cereja desse bolo é que tudo isso tem implicações claras sobre como as pessoas entendem suas responsabilidades sociais e seus limites. Sen não toma partido nesse debate. Ele não se posiciona se é melhor estar em uma Europa com desemprego e um estado de bem-estar social mais ativo ou se nos Estados Unidos onde esse estado é muito fraco, mas a sociedade é mais intolerante com o desemprego. Vinte anos depois que Sen escreveu DL esse dilema continua mais válido do que nunca.

Ao olhar com mais atenção para a pobreza em algumas partes do mundo, de modo comparativo, como Sen faz entre a Índia e países da África subsaariana, é possível mostrar qual a diferença entre olhar para a pobreza como mera insuficiência monetária *versus* ver a pobreza como privação de capacitações básicas, tais como a mortalidade infantil, subnutrição ou o analfabetismo dos adultos (abrindo por gênero). Sen regressa a um de seus textos clássicos, o *Missing Women* ("mulheres desaparecidas") de 1992 para mostrar como a pobreza também tem uma dimensão de gênero fundamental. Assim como na discussão anterior, há aqui um *interplay* com a questão dos valores que é impossível ignorar. Como pode ser que meninas – pelo mero fato de serem meninas - sejam ignoradas, desprezadas, abandonadas em relação a sua nutrição e saúde de modo geral? Se isso não é uma questão ética, então nada mais o é.

Somente para deixar claro: falamos da relação entre adultos que têm a responsabilidade de cuidar de crianças, que por seu preconceito, as abandonam à própria sorte, ao ponto que muitas morrem. Depois dessa discussão, Sen deixa claro que grande parte das questões sociais são, de fato, questões éticas. O uso da abordagem das capacitações possibilita enxergar a extensão do problema da desigualdade e como todas as liberdades instrumentais são fundamentais para que as pessoas possam deliberar sobre as prioridades de sua sociedade. Embora necessárias, elas não são, contudo, suficientes. Se as pessoas não deliberarem pensando no todo, mas apenas nos seus interesses particulares, podem gerar resultados de escolha social que não serão nem os mais responsáveis nem os mais desejáveis.

Sen critica muito os economistas por evitarem essas questões deliberativas de valor com o uso da medida de renda como uma medida de valor. Infelizmente, ele não abre muito esse ponto, limitando-se a defender o papel das liberdades de participação como elemento central na análise das politicas públicas.

A perspectiva da pobreza como privação de capacitações pode ser, desse modo, entendida ou de uma maneira mais limitada, onde se procura caracterizar a pobreza exclusivamente a partir de vetores de funcionamentos ou espaços capacitários. Ou a partir de uma maneira mais ampla, na qual não somente outros espaços informacionais podem ser incorporados, mas relacionados entre si. No caso particular da relação entre recursos e capacitações, há uma rota clara para a discussão da pobreza nas suas dimensões absoluta e relativa. Subjacente às decisões de política pública, jaz o modo no qual indivíduos e sociedades estabelecem suas prioridades sociais.

CAPÍTULO 5
A FALÁCIA DO DEBATE ESTADO *VERSUS* MERCADOS

A discussão que Sen propõe sobre mercados reflete uma posição muito pensada e calculada, que anda sobre uma linha ideológica que pode ser caracterizada por uma visão crítica, mas afirmativa dos mercados. Às vezes, pode ser confuso, mas se prestarmos atenção ele anda com muita precisão sobre um fio de navalha.

Para explicar isso, conto uma história, de fato, uma brincadeira que o meu orientador de doutorado em Cambridge, o grande economista Geoff Harcourt, tomava a liberdade de fazer com o Sen, talvez pelo fato de conhecê-lo por toda a vida. Ele dizia que muitos argumentos do Sen eram como as figuras de alguns deuses indianos: *"on the one hand, on the other hand, on the one hand, on the other hand..."* (no português usaríamos a expressão por um lado, por outro lado, mas no inglês usa-se *hand*, "mão", ao invés de lado). Não consigo ver melhor metáfora para descrever esse capítulo do DL sobre essa linha que continua sendo um grande divisor de *águas ideológicas* entre economistas: a constante batalha entre mercados *vs* Estado como promotor de bem-estar na sociedade. Particularmente, acho essa questão pouco interessante. Vejo que necessitamos de ambos e as sociedades que se desenvolveram conseguiram acertar no seu *mix* mercado-estado dadas suas idiossincrasias. Mas, estou longe de sugerir que essa seja uma questão menor dentro do debate econômico. Para indicar essa constante oscilação entre "por um lado" e "por outro", vou marcar algumas dessas expressões em itálico ao longo desse capítulo.

O primeiro argumento de Sen, é que a história parece pendular. Não há muito tempo, havia um clima intelectual que focava somente nas limitações dos mercados. Hoje, *por outro lado*, segundo Sen, só se quer saber das virtudes dos mercados, de modo que todas suas qualificações são julgadas pouco importantes. Para ele, no entanto, isso é uma oscilação entre preconceitos. Como resume de maneira magistral "A fé cega de ontem se torna a heresia de hoje e a heresia de ontem é agora a nova superstição" (1999, p. 111). Sen reforça a necessidade de escrutinarmos as atitudes político-econômicas de nosso tempo e de construir um *caminho do meio* nessa discussão. O uso dessa expressão *caminho do meio* sinaliza uma postura ideológica de Sen que o aproxima das propostas de Antony Giddens na década de 90, que foram seguidas por correntes políticas importantes como a do *New Labour* de Tony Blair, na Inglaterra, e de Bill Clinton, nos Estados Unidos. E porque não dizer de Lula, no Brasil.

Segundo esta perspectiva, mercados devem ser incentivados a continuar com o seu *business as usual*, desde que melhorias sociais possam ser realizadas para os mais pobres. Em retrospecto, essa perspectiva tem sido duramente criticada por economistas como Thomas Piketty (2020) que tem mostrado um recrudescimento da desigualdade de renda e riqueza durante a vigência desse modelo. Mas voltemos à caracterização que Sen faz dessa perspectiva.

Por um lado, os mercados são intrinsicamente importantes como uma expressão de liberdades substantivas das pessoas. Em outras palavras, os mercados são funcionais enquanto um espaço no qual as pessoas podem exercer uma atividade constitutivamente humana de troca e de realização de transações. Não permitir o funcionamento de mercados seria como a escravidão. Ou então, alguma forma de trabalho forçado, ou trabalho escravo, ou trabalho infantil, ou proibição de que as mulheres trabalhem, como ainda acontece em alguns países árabes. Não cabe dúvida, assim, na sua primeira linha de argumento de que os mercados - em particular os mercados de trabalho são promotores de liberdades para as pessoas, independentemente de suas consequências sobre seu bem-estar ou qualidade de vida.

Por outro lado, é claro que existem mercados de bens e serviços que podem ser imperfeitos, como oligopólios ou monopólios. Além disso, circunstâncias factuais relacionadas à assimetria de informações, ou a condições desiguais de competividade advindas de diferenças de economias de escala podem gerar limitações reais aos funcionamentos dos mercados. Sen poderia ter mencionado também questões relativas à externalidades, negativas ou positivas, que poderiam justificar a intervenção do setor público.

Em outro exercício do tipo *por um lado* e *por outro*, Sen contrapõe resultados de eficiência dos mercados provenientes de discussões utilitaristas de equilíbrio geral do tipo Arrow-Debreu com impactos em termos de liberdades individuais. Como consequência, sugere *por um lado* que nenhuma alternativa pode ser julgada apenas pelo número de opções que oferece independente da qualidade ou da atratividade dessas opções. Sen está empregando três diferentes aspectos da liberdade: 1) o caráter pessoal das liberdades; 2) a oportunidade das liberdades de transações e; 3) a liberdade de realização, em função dos méritos das opções disponíveis. Baseado nestes pontos, Sen oferece um resultado em termos de eficiência-liberdade: dadas as escolhas dos indivíduos, a eficiência em termos de utilidade tem que ser definida em função dos conjuntos de oportunidades que os indivíduos têm para escolher. Mas esse não é o único ponto. Sen critica o modelo Arrow-Debreu por assumir um "egoísmo onipresente" (1999, p.) que não encontra contrapartida empírica. Sen justifica essa hipótese comportamental no modelo como uma maneira de estabelecer que os resultados de mercado são 'Ótimo de Pareto' ou 'Pareto-ótimo'. O Quadro 11 explica melhor esse conceito.

Quadro 11 - O Ótimo de Pareto

Vilfredo Pareto (1848–1923) fez muitas coisas na vida. Foi economista, matemático, sociólogo, engenheiro civil e filósofo. Ficou conhecido por seu livro sobre "elites" e por investigar a relação entre distribuição de renda e eficiência alocativa (de como se distribuem os recursos). Tem um *princípio de Pareto* conhecido na sociologia segundo o qual 80% da riqueza fica na mão de 20% da população (essa observação foi feita para a Itália). No entanto, Sen utiliza dois outros conceitos de Pareto que são diferentes desse mais conhecido na sociologia. O primeiro se dá no sentido de que uma escolha social de Pareto é quando todos os indivíduos preferem uma opção x qualquer a outra opção y. Usando 'P' para uma relação de preferência podemos dizer que se $x_i P y_i$ então xPy (lê-se: "se todo indivíduo "i" prefere a opção x à opção y então a sociedade deve preferir a opção x à opção y). Isso pode acontecer também quando pelo menos um indivíduo prefere a primeira alternativa à segunda, e todos os demais são indiferentes. Esse é o critério de Pareto que vai aparecer no famoso artigo de Sen de 1970 "A Impossibilidade do Paretiano Liberal".

Um segundo sentido é esse de "ótimo de Pareto". Para entender isso temos que imaginar uma situação hipotética onde dois indivíduos, com as suas respectivas preferências, começam a trocar os bens que produzem, considerando suas condições tecnológicas de produção e com o objetivo de ter o máximo de utilidade ou satisfação. Para cada troca que esses indivíduos fazem, na qual aumentam suas utilidades ou satisfações, poderíamos dizer que houve uma "melhoria de Pareto".

Imagine você abrir mão de uma coisa que vale 3 utilidades para você para ganhar 8 utilidades, não seria ótimo? E assim esses dois indivíduos continuariam trocando até que começariam a ter menos daquilo que vão se desfazendo, aumentando a utilidade relativa do que têm menos. Isso levaria a um ponto de máximo, no qual não se poderia trocar mais, pois ambos indivíduos teriam o máximo de suas utilidades. Esse seria o ponto de ótimo de Pareto, um ponto no qual se um indivíduo tivesse mais utilidade outro deveria ter menos. Os economistas estudam isso dentro de uma caixa chamada de "Edgeworth".

O contexto no qual Sen discute o conceito de ótimo de Pareto, está relacionado à prova do primeiro teorema de bem-estar de Arrow-Debreu, segundo o qual um mercado competitivo (no qual existem mercados para todos os bens, sem externalidades, funcionando sob condições de concorrência perfeita e plena informação) gera resultados que são Pareto-ótimos.

Essa hipótese motivacional fere o pluralismo ético de Sen. Desse modo sua proposta de usar as liberdades substantivas é para descaracterizar o propósito auto interessado por trás das escolhas dos indivíduos. A busca pela liberdade seria assim uma maneira de evitar o monismo motivacional da busca pelo auto interesse assumida por esse resultado clássico na economia. Com isso, Sen procura salvar os resultados analíticos básicos do teorema de Arrow-Debreu, mostrando como eles podem ser independentes das motivações limitantes assumidas por eles para as preferências individuais.

Por outro lado, o mercado pode gerar resultados que sejam eficientes, porém muito injustos. Passamos assim para o campo das desigualdades que não se restringem somente às desigualdades de renda, mas também incluem as desigualdades de liberdades substantivas e capacitações.

Para Sen, há um "acoplamento" da desigualdade econômica com os fatores de conversão para explicar desigualdades de capacitações, de modo a que essas últimas sempre serão piores. Vale à pena citar o exemplo:

uma pessoa que é deficiente ou está doente ou idosa, ou tem alguma limitação pode, por um lado, ter problemas em ganhar uma renda decente e por outro ter também dificuldades ainda maiores em converter essa renda em capacitações e em viver bem. (SEN, 1999, p.119)

Essa é uma distinção conceitual importante para a abordagem das capacitações. Se recursos são indicadores imperfeitos de bem-estar e a humanidade é diversa, deve ser dada atenção ao processo de conversão de recursos em capacitações. Por isso, a habilidade de ganhar renda é diferente da habilidade de usar essa mesma renda.

Pode haver um efeito cumulativo dessas desigualdades, de modo que quem ganha menos tenha uma menor habilidade de conversão daquele pouco recurso que ganha? Sim, pode. Por isso, essa questão merece maior atenção empírica. A conclusão dessa história é que considerações de eficiência e equidade devem ser avaliadas simultaneamente para a definição adequada de prioridades sociais.

Mercados são, portanto, essenciais. Mas, *por outro lado*, devemos estar sempre vigilantes quando interesses escusos tentam isolar setores de suas forças competitivas, alguns mesmos dedicando-se às atividades de *rent-seeking* (ganhar uma renda sem alguma contrapartida de algo produtivo; pode acontecer por manipulação, *lobbies* etc.). Esse é um ponto amplamente discutido por Adam Smith na sua "Riqueza das Nações" (1776), e que nos adverte sobre como interesses escusos têm uma grande chance de vencer o interesse público, devido ao conhecimento específico e especializado que têm de seus setores. Infelizmente, essa discussão sobre a regulação de mercados é quase sempre ignorada. Sen, no entanto, é otimista ao argumentar que uma sociedade livre, onde argumentos que ele qualifica como "abertos" sejam permitidos e incentivados, de modo que se deve ter condições de controlar esses interesses privados, fazendo, portanto, prevalecer os interesses públicos.

Desse modo, não podemos conceber o funcionamento de mercados sem levar em conta o papel da discussão sobre a crítica pública. Esse é um ponto importantíssimo para o que Sen está dizendo. Não devemos definir um posicionamento em relação a mercados com base em algum grande princípio geral, do tipo, "os mercados são sempre eficientes" ou "os mercados são sempre perversos".

Se até Adam Smith, que era um grande defensor dos mercados, não hesitava em condenar suas imperfeições, seria simplista demais conceber o funcionamento dos mercados com base em uma opinião formada independentemente de uma análise dos fatos. Os sinais de mercado podem enganar. É possível que existam perdas sociais advindas de interesses privados. Por isso atitudes gerais do tipo pró ou contra mercados são contra produtivas para Sen, pois não são essencialmente críticas em relação às circunstâncias nas quais mercados particulares estão operando.

Quadro 12 - Exemplo: A economia do bem-estar da atenção médica

Poucos textos ilustram tão bem essa tensão entre eficiência e equidade sobre as limitações intrínsecas aos mercados como o artigo "Incerteza e a Economia do Bem-Estar da Atenção Médica" (1963a), de Kenneth Arrow. Ele mostra como o mercado de atenção médica não satisfaz uma das hipóteses centrais do modelo de mercados competitivos: não tem informação perfeita. Em um ambiente de incerteza, a informação sobre os produtos se torna também uma mercadoria, com respectivos custos de produção e de transmissão.

A informação assimétrica natural, a relação médico-paciente, pode facilitar o risco moral mediante o qual o médico pode receitar remédios ou tratamentos caros, hospitais privados ou quaisquer outras ações que visem o seu benefício, ao invés do benefício maior do paciente. A análise de Arrow transcende em muita essa questão particular. O ponto interessante é que para honrar os benefícios sociais da atenção médica, tanto em termos de eficiência como de equidade, são necessários outros instrumentos e instituições extra mercado, tais como ter barreiras rígidas de entrada na profissão de médico, licenças para o exercício da profissão, certificações oficiais e mesmo o desenvolvimento de relações de confiança entre médicos e seus pacientes.

A otimalidade pode ser assim atingida por meios que são extra mercado, dados, por exemplo, pelo papel das instituições reguladoras da atividade médica. Essa seria uma maneira de restaurar o balanço entre eficiência e equidade do modelo competitivo que é perdido quando umas das suas hipóteses centrais não é satisfeita. Arrow escreveu um *postscript* a seu artigo salientando que esse caso da profissão médica é somente um exemplo entre tantos outros. Apesar de ser uma situação específica, ilustra algo que se passa em todas as profissões. Arrow enfatiza a importância econômica das relações pessoais e familiares mesmo em economias mais avançadas. É verdade que esse artigo vai fazer quase 60 anos, mas muito do que ele retrata se tornou ainda mais relevante nos dias atuais.

Essa visão de Sen se encaixa perfeitamente, segundo ele, no conceito de uma "visão abrangente de desenvolvimento" defendida pelo Banco Mundial (não esqueçamos que o livro DL nasceu de um conjunto de palestras dadas por Sen ao Banco Mundial, ele tinha que valorizar um pouco esse convite no livro!). Parte de sua defesa dessa visão é não se deixar levar por propostas liberalizantes, tal como a de abrir todos os mercados ou corrigir preços fundamentais da economia, mas implementar reformas de cunho social. Mercados são importantes, mas *por outro lado*, seguem uma racionalidade que não é adequada para a provisão de bens públicos. É claro que existem alguns bens que são em parte privados e em parte públicos, como é o caso da educação. O Estado tem um papel importante na provisão desses bens, não somente por razões de equidade, mas também por questões de eficiência, já que se visto somente como um bem privado seria subofertado em relação às necessidades sociais.

O interesse público é melhor satisfeito para Sen através de um *mix* público-privado que se justifica de modo contingente em função de questões vinculadas à equidade e a eficiência desses arranjos. *Por outro lado...* pode ser que os estados não consigam financiar essas despesas. O argumento tradicional contrário a essa posição é que gastos considerados excessivos poderiam gerar instabilidade macroeconômica. Além disso, argumenta-se que esses mesmos gastos poderiam distorcer os sistemas de incentivos sobre esforços individuais. Soa familiar?

Uma avaliação desses impactos depende das razões pelas quais as pessoas trabalham. Será que é só por dinheiro? Ou será que as pessoas trabalham por um plano de vida e de realização pessoal? Para Sen, o alcance e a magnitude dos efeitos sobre o incentivo que as pessoas têm para trabalhar não é tão claro. Não é uma questão a ser ignorada, mas não tem uma resposta tão óbvia, como se assume. Ao realizar este tipo de consideração, Sen demonstra todo o alcance de seu pluralismo motivacional, de modo que não restringe as razões para agir das pessoas a elementos de auto interesse monetário. Além disso, não podemos esquecer que o valor da renda vai ser sempre contingente às circunstâncias sociais e econômicas das pessoas.

Por um lado, ao focar na privação de capacitações podemos olhar de modo diferente para a questão da distorção de incentivos. O argumento de Sen é que as pessoas podem ter um comportamento mais estratégico em relação ao dinheiro, mas que isso não é tão comum quando estamos tratando de capacitações, pois é menos evidente que as pessoas irão recusar, por exemplo, ter uma melhor saúde ou educação. *Por outro lado,* a avaliação em termos de capacitações quase sempre se faz nos termos dos funcionamentos observáveis das pessoas, e deve ser suplementada por outras informações.

Levando tudo em consideração temos, no entanto, com os funcionamentos ou capacitações, uma melhor medida do que a mera comparação em termos de estatísticas de renda. As principais razões pelas quais as pessoas são menos afetadas por distorções estratégicas no espaço das capacitações são:

1.   Existem poucos registros de efeitos sobre o incentivo das pessoas quando tratamos de questões de capacitações básicas como subnutrição, analfabetismo etc., pois os serviços que seriam dados focariam na privação em questão;

2.   A renda não toca muitas vezes nos fatores causais que produzem as privações, os quais vão além do controle das pessoas envolvidas. Desse modo, as distorções de incentivos não podem afetar o que, por exemplo, é provido pelo Estado;

3.   Muitas vezes, as pessoas não estão interessadas no dinheiro *per se,* mas sim nos funcionamentos e capacitações que podem atingir com determinado dinheiro. É o que acontece com ajudas de trabalho para pessoas passando fome;

4.   A provisão pelo Estado faz também com que seja mais difícil para as pessoas negociarem ou venderem seus direitos.

Por outro lado, nenhuma dessas considerações elimina a necessidade que se discuta como a provisão pública dos serviços deve ser feita. Muitos desses serviços já deixaram de ter provisão universal no mundo, passando, ao invés, para gastos focalizados nas pessoas mais pobres. Em geral, se leva em conta apenas a habilidade que as pessoas têm, ou não, de pagar por esses serviços, desconsiderando os hiatos de conversão que as pessoas possam ter ao usar os mesmos. Isso faz com que essa focalização ignore variações importantes naquilo que desejam produzir. Entretanto, outras distorções podem acontecer como resultantes da implementação de esquemas de focalização. Nunca se pode eliminar de todo o erro de deixar alguém de fora dos programas, tampouco se pode evitar que incentivos perversos mudem os comportamentos das pessoas em relação a outros aspectos. Para não falar dos efeitos negativos que a estigmatização da pobreza pode ter sobre a autoestima dos pobres. Além disso, sempre ocorrerão custos administrativos que podem ensejar a corrupção na máquina pública.

Por fim, cabe mencionar que os grupos focalizados, por se tratarem usualmente de grupos mais pobres, podem não ter a força política necessária para a manutenção de seus programas no longo prazo.[2] A Figura 9 sintetiza esses argumentos sobre possíveis problemas com a focalização (em comparação à alternativa de uma provisão universal desses serviços).

---

[2] Esses elementos dão uma bela discussão sobre o papel das políticas de transferência condicionada, do tipo Bolsa Família. É natural que Sen não tenha dedicado muita atenção a essa categoria de política pública quando lembramos que essas políticas foram pela primeira vez, no seu formato contemporâneo, implementadas nacionalmente no México, em 1997, no governo de Ernesto Zedillo. O próprio Bolsa Família, apesar da experiência anterior do Bolsa Escola, surge muitos anos depois.

Figura 9 - Problemas com focalização de gastos públicos

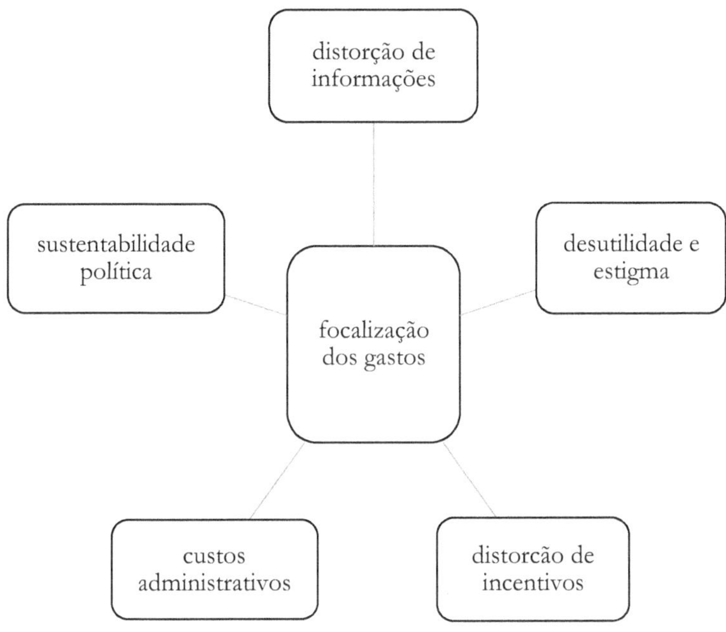

Por outro lado, Sen nota que todos esses argumentos são muito gerais e que não deveriam ser suficientes nem para rejeitar, nem para confirmar politicas de focalização, estas devem ser julgadas de acordo com as circunstâncias em questão, tomadas pelas características da sociedade ou a natureza dos bens públicos. *Por outro lado,* as políticas baseadas em capacitações destacam a relevância de se pensar a agência, ou seja, a autonomia dos beneficiários de programas focalizados. Em outras palavras, os "objetos" da focalização não são pacientes imóveis, mas pessoas com discernimento, razão, preferências etc. . Pensar a política pública como uma estratégia de empoderamento das pessoas demanda a criação de outros processos de engajamento para a formação da razão pública.

Para terminar esse capítulo, cabe ressaltar, que Sen discute a questão da prudência financeira e do conservadorismo orçamentário. A base dessas políticas conservadoras é o medo de que políticas fiscais expansionistas levem a um aumento da inflação. Se *por um lado*, é verdade que essas políticas têm uma forte racionalidade na imposição de suas demandas, *por outro lado* é importante destacar que elas devem ser interpretadas à luz de objetivos sociais mais gerais. Em outras palavras, a estabilidade macroeconômica é um objetivo importante, mas deve ser visto em um contexto mais amplo de objetivos sociais.

A posição de Sen sobre o balanço entre mercados *versus* Estado é, sem dúvida, bastante ponderada. Teria sido mais instrutivo se ele tivesse interagido um pouco mais com ícones desse debate, como Myrdal ou Hayek, situando suas posições dentro de questões levantadas por eles. No entanto, a mensagem que Sen passa é que tem pouco interesse por essas questões mais ideológicas, preferindo focar em questões concretas de provisão de bens a partir de realidades distintas. Nas páginas finais desse capítulo ele mostra como os problemas de desemprego na Europa são distintos do problema da falta de saúde pública nos Estados Unidos que, por sua vez, é diferente do problema do analfabetismo (em especial o feminino) na Índia. Não resta dúvida que Sen defende uma visão mais pragmática para a resolução desse clássico dilema na economia.

O que Sen deixa a desejar nessa discussão, é uma visão mais aprofundada dos sentimentos morais das sociedades. Talvez ele não queira entrar nessa discussão por entender que é uma discussão fora da sua área de *expertise*. Ou talvez seja uma discussão que viola alguns pressupostos de individualismo metodológico com os quais ele trabalha. O fato é que ele reconhece a importância do pluralismo motivacional, mas não elabora muito essa questão, como o faz Nussbaum, por exemplo, no seu *"Political Emotions:* why love matters for justice", de 2013. Vários dos processos descritos por Sen, são, em realidade, influenciados pelos valores das sociedades nas quais eles ocorrem. Há muito mais que pode ser dito sobre esse tema que voltará a ter protagonismo nesse livro, mas é melhor tratá-lo em separado mais adiante uma vez que demanda a introdução de novos conceitos.

CAPÍTULO 6

DEMOCRACIA E DESENVOLVIMENTO

Esse capítulo começa com um exemplo e uma pergunta que têm muita força normativa. O exemplo é o de uma pessoa pobre, que tem que se arriscar coletando mel na floresta de Sundarban, na Índia, onde vive o famoso tigre-de-bengala, para poder ganhar alguns centavos para sobreviver. A pergunta que se apresenta é se as liberdades políticas não são um luxo para aquelas pessoas e sociedades que ainda enfrentam condições tão grosseiras de vida. Há uma segunda variante dessa pergunta: o que deve vir primeiro, a remoção da pobreza e da miséria, ou a garantia de liberdades políticas e de direitos civis?

Essas perguntas não são, segundo Sen, o melhor meio para discutir a relação entre necessidades políticas e econômicas, pois elas não constituem necessariamente uma dicotomia. Ao invés, Sen propõe que foquemos nas interconexões entre esses dois tipos de necessidade, de modo a gerar uma agenda mais construtiva. O cerne de seu argumento, é que sociedades necessitam de liberdades políticas para seus cidadãos, tais como a de poder participar de debates públicos e discussões para que seja possível definir quais são as necessidades econômicas de suas populações. Isso é devido porque esses direitos e liberdades políticas:

i.　　　Têm um *papel constitutivo* na vida das pessoas, isto é, são liberdades que têm uma importância (intrínseca) por elas mesmas, independente das consequências que possam gerar;

ii.　　　Têm um *papel instrumental* (de proteção) na melhoria do diálogo entre as pessoas, para que possam fazer suas necessidades virarem objeto de atenção política;

iii.   Têm um *papel construtivo* na conceituação de quais necessidades são as mais importantes. Assim, a democracia ajuda as pessoas a entenderem, do ponto de vista coletivo, quais são suas necessidades econômicas.

Sen reconhece que tem gente que pensa o contrário, como o ex-primeiro ministro da Cingapura, Lee Kuan Yew, que dizia que liberdades atrapalhavam o crescimento econômico. Além disso, entre comer e ser livre, parece óbvio que as pessoas preferem comer. Há também o argumento de que essa coisa de liberdades políticas e democracia é tipicamente uma prioridade ocidental que não se encaixaria naturalmente em alguns valores asiáticos. Nesse capítulo do DL, Sen discute as primeiras objeções, deixando a última para o capítulo 10.

Primeiro, ele disputa as evidências de que estados autoritários crescem mais do que os outros. Para Sen, o panorama estatístico é muito mais complexo do que o sugerido por essa tese, e como tal, não pode ser julgado por meras associações estatísticas, mas sim por análises sobre os processos causais que promovem crescimento e desenvolvimento (convém lembrar aqui daquela velha máxima da econometria de que correlação não implica causalidade!).

No caso das economias do leste asiático, Sen argumenta que políticas implementadas por elas, tais como investimentos educacionais pesados, reforma agrária, incentivos para investimentos, industrialização e exportação, entre outros, não são necessariamente peculiaridades de regimes autoritários. De qualquer modo, não deveríamos olhar unicamente para os resultados em termos de PIB, mas também para o valor intrínseco da democracia e das liberdades políticas na vida das pessoas. Em outras palavras, o valor do crescimento econômico *versus* crescimento econômico com liberdade não é o mesmo para as pessoas.

Segundo, ao se dizer que as pessoas preferem comer a ser livres caracteriza-se um tipo de argumento muito utilizado por ditadores em países subdesenvolvidos para justificar suas intervenções. Em um dos raros episódios históricos nos quais a população pôde votar em uma alternativa que propunha a supressão de liberdades, como no estado de emergência proposto por Indira Gandhi, na metade da década de 1970, houve uma rejeição completa a essa alternativa. De certo modo, podemos ver a luta por liberdades democráticas em vários países, como a Coréia do Sul, Tailândia, Paquistão etc. como prova contrária ao argumento de que as pessoas não dão muito valor às suas liberdades políticas. Para Sen, nossas liberdades políticas são essenciais, em um primeiro momento, para que tenhamos a abertura necessária para a formação de nossos valores, pois estes demandam direitos, liberdades e um nível de comunicação básico. Em seguida, são essenciais para que possamos expressar publicamente nossos valores e demandar atenção a eles através de liberdade de expressão.

Pode ser que na prática a história seja outra. Alguns regimes podem ser tão corruptos que não haja quantidade de discussão pública que resolva esse problema. Da mesma forma, existe uma dimensão qualitativa na democracia que não pode ser inferida apenas pela referência à quantidade de discussão pública. Grupos de extrema direita, por exemplo, discutem muito e trocam muitas mensagens, mesmo que sejam falsas. Nesse sentido, cabe lembrar que muitos políticos que se revelaram ditadores foram originalmente eleitos para o cargo. Além disso, não se trata apenas de uma questão de eleições. O processo democrático pode ser usado para a manutenção de privilégios e do *status quo*, e no estilo *gatopardo* de Lampedusa, "mudar tudo para deixar tudo como está" (2007, p. 23).

Democracias parecem assim ser condições necessárias, mas não suficientes em termos de sua efetividade. Como Sen (1999, p. 155) diz, "A Democracia não serve como um remédio automático para uma doença, assim como o quinino serve para remediar a malária". Fica aqui a lição principal de que as liberdades dependem muito do modo como são exercidas, o que seguramente depende do conjunto de valores éticos e prioridades das pessoas e das sociedades nas quais vivem. O interessante é que mesmo reconhecendo essas limitações, Sen é otimista sobre o papel das democracias na formação de valores de cidadania.

Isso não quer dizer que todo o seu otimismo em relação ao valor da democracia na Índia, no final do século passado, tenha se mantido constante ao longo dos anos. Como seu livro *"An Uncertain Glory"*, com Jean Drèze, de 2013 mostra, Sen se tornou mais pessimista sobre os avanços sociais dos governos democráticos na Índia, uns quinze anos depois de escrever o DL. É interessante notar que na página 157 de DL (1999), Sen chega a ter um tom ufanista. Isto contrasta com suas análises mais recentes da Índia, pelo fato de o país não ter avançado minimamente em uma agenda de direitos civis, redução da pobreza e igualdade de gênero. Alguns economistas indianos como Santosh Mehrotra (2017), adicionam a questão do bônus demográfico que está sendo desperdiçado pela sociedade indiana, o que deve complicar seu desenvolvimento humano no futuro.

Conto uma história. Sen estava terminando o livro *"An Uncertain Glory"* com o Drèze em 2012, período no qual eu estava fazendo as aulas dele em Harvard. Lembro de ele ter me chamado um par de vezes no seu escritório para falar sobre o Brasil. Ele chegou a me mostrar partes do que tinha escrito sobre o país. Naquele momento, ele tinha uma visão irrealisticamente positiva do Brasil, influenciada sem dúvida pela euforia resultante do final do governo Lula. Eu, *por outro lado*, tinha estado no PNUD até 2010, acompanhando de perto não apenas a economia, mas a política brasileira. Tinha calculado dados (como no IDH de curto-prazo, um trabalho que nunca viu a luz do dia por interferência indireta do governo – um dia contarei melhor essas histórias também) que mostravam sérias fragilidades do modelo brasileiro já naquele momento. Apenas para citar uma, sempre fui crítico as linhas de pobreza monetária muito baixas usadas pelo programa Bolsa Família que geraram resultados de redução de pobreza, que a meu ver, não eram muito robustos (entendo que essa deva ser uma posição comum para qualquer pessoa que compartilhe a visão de Sen). E um dos maiores orgulhos que tenho foi de que consegui, depois de algumas conversas intensas, convencer o Sen a ponderar, a ser mais cauteloso em seu diagnóstico sobre o Brasil, sem deixar, contudo, de elogiar os avanços na política social do governo Lula. Muito me orgulho do agradecimento que recebi de Sen neste livro, mas mais ainda, de lhe ter ajudado a ter uma visão mais realista do país.

No Brasil, direitos civis e a democracia garantiram o direito das pessoas à liberdade de expressão. No entanto, devido à grande desigualdade de desenvolvimento humano no país, nunca conseguiram ser traduzidos em políticas de inclusão e empoderamento dos mais pobres no longo prazo. Houve momentos na história do país, como na Constituição Federal de 1988, depois de anos de regime militar, ou em alguns governos social-democratas, como o foram os de FHC, Lula e Dilma, em que tivemos avanços titubeantes, mas nada que tenha rompido com o *status-quo* da política nacional. Levando isso em conta, precisamos entender a democracia não como um critério singular, mas como processos que contêm "variedades de democracias" que evoluem segundo forças históricas e ideologias alternantes. O mais interessante nessa discussão talvez não sejam os valores políticos, mas os valores pré-políticos que fazem com que distintas sociedades sejam mais abertas ou fechadas às políticas inclusivas.

CAPÍTULO 7
FOME GENERALIZADA E OUTRAS CRISES

Esse capítulo tem que começar com a discussão a respeito da palavra *famine*, do inglês, pois esta não possui uma tradução literal para o português. Optei por "fome generalizada" pois essa característica é a que melhor retrata esse conceito. Tradicionalmente, muitos tratavam esse conceito como uma "escassez generalizada de comida". Mas Sen mudou a percepção que as pessoas tinham sobre esse tema no mundo com o seu livro *"Poverty and Famines"*, de 1981, ao mostrar que pode haver fome generalizada, mesmo com existência de comida.

Hoje em dia, o Programa de Alimentação das Nações Unidas (*World Food Programme*) define várias fases e critérios de caracterização da insegurança alimentar. Eu mesmo já apliquei, junto com colegas da UFRGS e da PUC, a EBIA (Escala Brasileira de Insegurança Alimentar), por meio da qual notamos que um alto percentual de pessoas acima da linha da pobreza sofre insegurança alimentar, pois não apenas já ficaram sem comer em um passado recente, como não têm segurança quanto ao acesso à comida nos próximos dias e semanas. Não resta dúvida de que passar fome é uma das coisas mais indignas e devastadoras das quais pode ocorrer a um ser humano. O importante dessa questão é notar que sempre há uma probabilidade maior de a fome acontecer quando se quebra a democracia dos países. Essa é a principal mensagem do livro do Sen de 1981. O tema, no entanto, pode ser mais complicado, mas vamos revisar primeiro o que diz Sen.

A fundamentação analítica de Sen provém do seu conceito de *intitulamento* (*entitlement*). Esta é uma palavra estranha, que significa que há um direito de propriedade ou de acesso a algo que está definido por uma certa regra de legitimidade. Por exemplo, intitulamentos econômicos são os direitos econômicos que as pessoas têm, ou porque elas produziram algo, ou venderam algo, ou herdaram algo, ou receberam algo (poderia ser uma transferência pública) que legitima o acesso ao recurso. Claro que o intitulamento depende das condições de troca vigente. Um modo mais simples de tratar esta questão é dizer que o intitulamento de uma pessoa define seu acesso aos bens e serviços na sociedade em que vive. Desse modo, mesmo existindo comida, se uma pessoa não tem acesso, ou um intitulamento que lhe garanta esse acesso, ela pode passar fome. Isso significa que pode haver fome generalizada com abundância de comida. A fome é mais um problema distributivo do que de produção (Sen retorna a esse ponto no capítulo 9 do DL).

Em uma fome generalizada tudo acontece muito rápido. É distinta de uma fome endêmica ou de uma pobreza crônica. Por sua vez, os intitulamentos dependem das estruturas políticas e sociais vigentes em determinado lugar. Ou seja, quando falamos de fome generalizada não tratamos somente de algo pontual, mas sim de como toda uma sociedade funciona, de modo a permitir que determinadas pessoas sejam ignoradas, econômica e socialmente, em algo tão básico. Podemos representar esquematicamente os componentes dos intitulamentos com a Figura 10.

Figura 10 - Os componentes dos intitulamentos

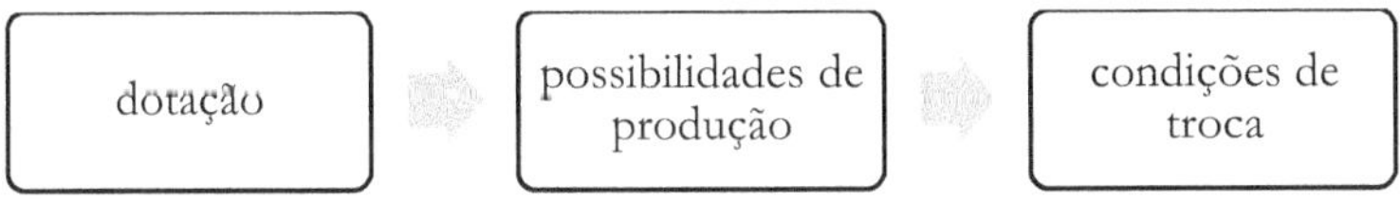

Claro, para a maioria da humanidade a sua dotação inicial é zero, pois as pessoas não têm nenhuma riqueza inicial, nem possibilidade de acesso à alimentos que não seja advinda do seu próprio trabalho. Da mesma maneira, as pessoas não têm acesso à uma formação de capital humano de qualidade nem a grandes tecnologias que lhe possibilitariam produzir mais e melhor. Como consequência disso, não recebem muito quando vão ao mercado oferecer seus serviços.

A teoria de intitulamentos de Sen fica nesses três elementos, mas vejo que seria natural adicionar um quarto elemento de vulnerabilidade a estes intitulamentos se quiséssemos tratar de modo mais explícito a questão da insegurança alimentar, pois parte do problema aqui é o grau de incerteza ou volatilidade que afeta esses direitos. Dou um exemplo: imagine uma pessoa pobre vivendo em uma cidade grande que não tenha nenhuma riqueza. A única coisa que a pessoa possui é a si própria. Imagine que a pessoa não conseguiu estudar muito na vida e que somente possa ganhar o seu pão com trabalhos que impliquem esforço físico de baixa produtividade. Isso em si já seria o suficiente para colocar a pessoa em uma posição de muita desvantagem. Mas, imaginemos que além disso a pessoa não saiba, ao sair de casa pela manhã, se irá ou não conseguir trabalho naquele dia (catando latinha, sendo escolhido para realizar um trabalho de colheita etc.). Temos que considerar que a fome, medida não apenas como subnutrição, mas também pela perspectiva de insegurança alimentar, é igualmente o produto de muita instabilidade e incerteza em relação à realização desses intitulamentos.

O ponto é que tudo aquilo que possa afetar os intitulamentos das pessoas pode gerar fome generalizada, mesmo com a presença de alimentos. Sen está pensando naturalmente na fome generalizada de Bangladesh, em 1974. Mas poderíamos incluir nessa categoria qualquer choque climático ou evento que produzisse a perda de intitulamentos das pessoas mais pobres e vulneráveis.

Sen não descarta de todo que uma fome generalizada possa acontecer por uma queda na produção de alimentos, como aconteceu na China de 1958 a 1961, mas na maioria dos casos não foi assim. A questão interessante de natureza sociológica que ele levanta, e que se aplica para os exemplos que ele trata, assim como para a realidade de uma pandemia em 2020-2021, é: "por quê algumas sociedades deixam algumas pessoas passarem fome enquanto uma parcela da população está muito bem, obrigada?" Sen tem a visão otimista de que isso acontece porque a falta de democracia esconde esse fenômeno da maioria da população não afetada. E que se as pessoas que não passam fome soubessem da tragédia dos que passam fome, que esse problema seria, sem nenhuma dúvida, resolvido.

A realidade da pandemia de 2020-2021 nos faz crer que isso talvez não seja o caso, e que a humanidade seja potencialmente menos solidária do que Sen poderia esperar. É bem verdade que para ele as fomes generalizadas afetam uma pequena parcela da população total, e que a crise atual é muito mais abrangente comparativamente. Esse é um ponto importante, pois impacta na magnitude da ajuda que seria necessária para a mitigação da fome generalizada.

A verdade é que o número de fomes generalizadas que já aconteceram no mundo é muito elevado. Somente para dar uma ideia, separei alguns desses episódios na Tabela 5, que cobre desde a famosa fome generalizada de Bangladesh, em 1974, analisada por Sen, até os períodos atuais. Muitas não têm um diagnóstico estabelecido. Tantas outras aconteceram no meio de guerras ou de fenômenos climáticos agressivos. Fica difícil separar os efeitos quando há grande escassez de dados. Seja como for, o objetivo aqui é somente ilustrar como o problema das fomes generalizadas não deixou de existir depois da publicação de *"Poverty and Famines"* em 1981 por Sen, nem tampouco depois do DL. É um problema que segue e que deve se tornar mais relevante, não apenas pela fragilidade dos regimes democráticos em todo o mundo, mas pelas novas ameaças advindas dos impactos da mudança climática.

Tabela 5 - Fomes generalizadas (ou em massa) desde 1974

Ano	País	Causa	Mortos
1974	Bangladesh	Falta de democracia	27.000 a 1.500.00
1975-1979	Camboja	Khmer Rouge/Vermelho	500.000
1980-1981	Uganda	Seca e conflito	30.000
1982-1985	Moçambique	Guerra civil	sem estimativa
1983-1985	Etiópia	Falta de democracia	400.000-600.000
1984-1985	Sudão	Seca, crise econômica e guerra civil	sem estimativa
1988	Sudão	Segunda guerra civil	sem estimativa
1991-1992	Somália	Seca e guerra civil	300.000
1992-1997	Cuba	Queda do comunismo na Europa do Leste	sem estimativa
1993	Sudão	-	sem estimativa
1994-1998	Coréia do Norte	-	200.000-3.500.000
1998	Sudão	Seca e guerra civil	70.000
1998-2000	Etiópia	Guerra com Eritréia	sem estimativa
1998-2004	República Democrática do Congo	Guerra e doenças	2.700.000
2003-2005	Sudão	Guerra em Darfur	sem estimativa
2005-2006	Níger e África Ocidental	-	3.000.000 em Níger e 10.000.000 na África Ocidental
2011-2012	Somália	Seca	sem estimativa
2012	Senegal, Gâmbia, Niger, Mauritânia, Mali e Burquina Faso	Seca de Sahel	sem estimativa
2016-presente	Iêmen	Bloqueio pela Arábia Saudita	85.000 crianças, sem estimativa para adultos
2017-presente	Sudão do Sul, Somália, Nigéria e Unity State	Seca	sem estimativa

Fonte: Wikipédia. "List of Famines". Disponível em <https://en.wikipedia.org/wiki/List_of_famines>. Acesso em: 18 abril de 2021. Esses dados provêm da versão em inglês, mas é interessante notar como a versão em português contém diferenças importantes. Por exemplo, inclui o Quênia em 2009 e a Venezuela em 2019. Preferi traduzir a versão em inglês, pois me pareceu mais completa.

A prevenção da ocorrência de fomes generalizadas depende da proteção social dada aos indivíduos pelas sociedades em que vivem. Quando surge uma pandemia, como a de COVID-19, os estados são obrigados a se reinventarem, e com isso introduzir novos esquemas compensatórios para promover os intitulamentos das pessoas mais pobres. Há, portanto, toda uma economia política da fome que envolve não somente as estruturas de produção dos países, mas seus governos e instituições sociais. Em *Poverty and Famines* de 1981, assim como no DL, Sen chama a atenção para as distâncias sociais criadas por regimes não democráticos de suas respectivas populações. Mas não devemos entender com isso, que outros choques externos não possam causar fome generalizada, bem como que sociedades indiferentes à dor e ao sofrimento dos mais pobres não possam virar suas costas em momentos de maior dificuldade.

Há uma separação entre duas categorias de política pública que está de acordo com o seu grau de pró-atividade. Se, por um lado, não podemos negar que políticas públicas são formadas por elementos culturais, sociais, éticos e políticos de determinada sociedade, por outro, uma vez que elas constituam objetos da ação de governos, podem ser caracterizadas a partir do seu nível de engajamento. Convém assim destacar, que as políticas públicas podem envolver duas classes de atos, de acordo com o ilustrado pela Figura 11.

Figura 11 - Pró-atividade da política pública

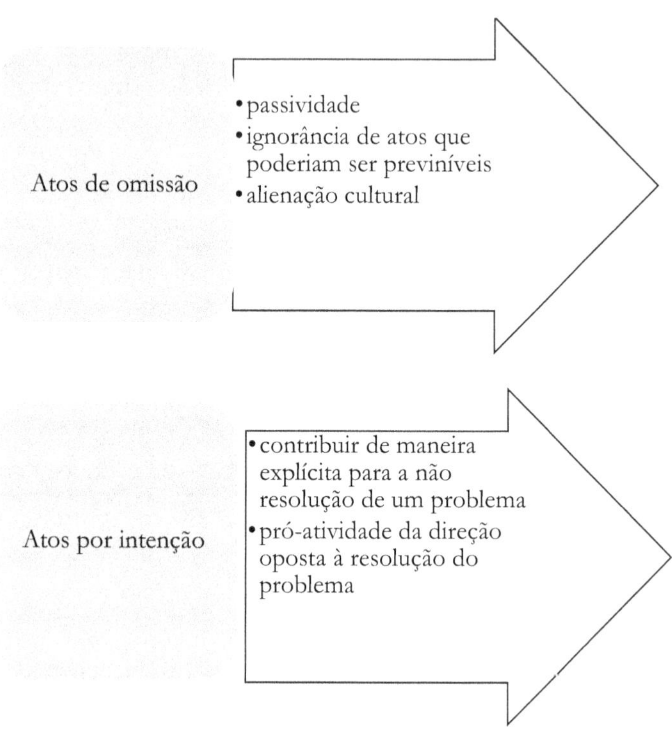

Sen nega, entretanto, que uma proibição de transações de mercado seria útil para resolver problemas de fome generalizada, como no caso da fome generalizada ocorrido ao longo dos anos da década de 1840 na Irlanda. Segundo Sen, proibições comerciais serviriam a objetivos muito limitados de curto prazo, porque não tocariam nas verdadeiras causas do problema que seriam a pobreza e a falta de intitulamentos das famílias passando fome. Para mudar essa concepção, Sen introduz o conceito de *políticas sociais mais positivas*, em contraposição às políticas que seriam puramente negativas, como a de proibição de transações de mercado. O que ele chama de *políticas positivas* estaria relacionado à regeneração da renda perdida pelos mais pobres, obtida, por exemplo, por programas de emprego público.

Quadro 13 - A fome generalizada na Irlanda nos anos da década de 1840

Para ser exato, a fome generalizada na Irlanda aconteceu de 1845 a 1852. Estima-se que mais de 1 milhão de pessoas tenham morrido e que um número similar tenha deixado o país. É importante notar que as áreas mais afetadas foram aquelas no oeste e no sul da ilha, onde a língua irlandesa era mais dominante. Também é interessante a diferença religiosa entre irlandeses na sua maioria católicos e os ingleses protestantes. Isso não explica o fungo que deu nas batatas e que contribuiu para a fome generalizada. Mas, pode explicar o porquê de a Inglaterra ter feito tão pouco pela Irlanda em um momento de necessidade, principalmente considerando que a Inglaterra já tinha uma rede de segurança social contra a pobreza que poderia ter sido acionada. Naquele momento, a Irlanda mandava comida para a Inglaterra seguindo as leis de mercado de quem podia pagar pelos produtos. A fome generalizada no meio de uma oferta razoável de comida fez com que essa crise tenha levado a um debate sobre a relação entre os dois países, que até hoje reaparece no debate público.

O próprio Sen reconhece, seguindo as palavras de Joel Mokyr (1983), que a Irlanda era considerada pela Grã-Bretanha uma nação alienígena e hostil, de modo que a pobreza na Irlanda era vista pelos ingleses como um resultado da preguiça, da indiferença e da inépcia do seu povo. Alguns entendiam que a Grã-Bretanha tinha uma missão civilizatória para com a Irlanda, dado que seu povo não agia "como se fossem seres humanos". A discussão que Sen propõe na pág. 174 do seu livro (1999) não é só sobre a fome generalizada, mas como valores sociais e culturais são capazes de moldar políticas públicas. Contudo, nada acontece no vácuo. A tendência de culpar os pobres pela sua pobreza vem de muito tempo antes, com reflexos na política internacional de vários países. O caso da Irlanda foi dramático por explicitar essas relações, que deveriam ser de amizade e respeito entre povos de uma mesma união política, como é o caso da Grã-Bretanha, mas que mostraram ser de desprezo cultural e humano.

Seguindo a pista das obras que Sen usa ao falar de atitudes sociais e culturais podemos chegar ao livro de Peter Golding e Sue Middleton, "Images of Welfare", de 1982, que discute a relação entre a imprensa e as imagens que se formam na mídia sobre os pobres. O livro coloca em perspectiva histórica a construção da visão social da pobreza. Esse é um tema muito atual, analisado recentemente por Piketty no seu livro "Capital e Ideologia", de 2021. O ponto comum a essa discussão é que a maneira pela qual as sociedades reagem a choques, como a fome generalizada (mas também podíamos aqui falar da pandemia de Covid-19), depende das atitudes sociais em relação aos mais pobres. Esta, de fato, é uma variável chave para tratarmos o desenvolvimento humano e que normalmente é pouco considerada nos debates públicos.

A importância das atitudes sociais para o combate às questões como a fome generalizada não deve desprezar a relevância de incentivos e outras medidas para estimular o crescimento econômico, dentre estas, a formação de capital humano e de aumento de produtividade nas sociedades que enfrentam problemas crônicos de alimentação da sua população. Medidas focadas em esquemas de distribuição de alimentos ou diversificação da estrutura produtiva, ou de criação de frentes alternativas de emprego devem ser consideradas.

Cabe destacar, no entanto, que nem todas essas medidas têm a mesma relevância do ponto de vista da abordagem das capacitações. Tudo depende de se as pessoas são tratadas por tais medidas como recebedoras passivas de ajuda ou como agentes do desenvolvimento. Nesse sentido, políticas de geração de emprego são mais formadoras de capacitações do que políticas de doações de alimentos. Do lado do governo, não se deve desprezar a utilização de algumas medidas institucionais, tais como i) a criação de renda e emprego por iniciativas estatais; ii) estímulo à operação de mercados privados e; iii) utilização do comércio e negócios normais. Em outras palavras, Sen sugere que os países usem todos os mecanismos possíveis para a resolução dessas crises, e retorna a este tema, da importância da democracia para a resolução dessas crises, várias vezes.

As evidências que Sen utiliza, estão baseadas em fomes generalizadas no Sudão, Botswana, Zimbábue, Etiópia etc. e parecem ser historicamente corretas e classificáveis segundo a ótica da democracia. Talvez hoje em dia, se este debate fosse considerado para examinar a questão da pandemia, fosse mais difícil fazer essa separação. Mas por outro lado, seria apenas uma extrapolação dos resultados de sua análise para um contexto diferente.

Sen tem um modelo claro de responsabilização dos grupos dominantes, que acontece em democracias, baseado em informação e incentivos. Como tal, trata da liberdade de imprensa, da existência de partidos políticos de oposição atuantes e de incentivos políticos. Ele chega a falar no *papel protetor* da democracia. Empiricamente, compra uma briga com a China, que 20 anos depois talvez seja difícil de sustentar, pois mesmo com um regime pouco democrático, muito foi conseguido pelos chineses durante esse período. Esquematicamente podemos representar o modelo que Sen tem em mente através da Figura 12.

Figura 12 - A segurança protetora da democracia

A segurança protetora da democracia funciona através de suas instituições que regulam os incentivos políticos (bem como os econômicos) em momentos de crise. Sem as liberdades instrumentais, os governos não teriam o interesse em resolver problemas como um episódio de fome generalizada.

No entanto, devemos também mencionar que democracias não são situações binárias. De fato, a maior parte das democracias do mundo parece imperfeita em uma ou outra dimensão. O ponto principal é que a democracia coíbe o que Acemoglu e Robinson (2012) chamaram de *instituições extrativas*, com características muito diferentes dessas instituições mencionadas acima por Sen. Como resultado, as sociedades produzem benefícios para grupos muito seletos, enquanto a grande maioria da população vive em condições de privação. Não quero aqui sugerir que esses autores desenvolvem uma análise de desenvolvimento humano nas linhas do Sen. Não. Eles parecem estar muito mais preocupados com o funcionamento de instituições de mercado e com os incentivos que elas geram para que as elites persigam objetivos mais ou menos inclusivos.

Quando colocamos em balanço a perspectiva oferecida por Sen, sobre o problema das fomes generalizadas, dois pontos chamam muita atenção. O primeiro deles é que ele trata as fomes como se fossem problemas solucionáveis quase que exclusivamente no âmbito nacional, sem tratar muito de soluções que possam advir da cooperação internacional, seja em termos técnicos ou mesmo humanitários. Sen parece se importar mais com as fomes generalizadas do que com as fomes crônicas, que do mesmo modo perpetuam situações injustas e inaceitáveis e causam muito sofrimento à população. Parece que no fundo o que ele está fazendo é defendendo a democracia pelos impactos positivos que ela tem sobre os mais vulneráveis. O que em si parece ser um excelente ponto, mas que não chega a explicar as importâncias relativas de um tipo de fome em relação a outras.

Para terminar esse capítulo, conto uma história. No início da década de 2000 eu estava em Cambridge e fui convidado a falar em uma conferência sobre "Segurança Alimentar" em Porto Alegre. Seria um "bate-volta" (com passagem de graça) de uns cinco dias. Não era muito tempo, mas achei ótimo porquê além de gostar muito do tema seria uma oportunidade de rever a minha família que é da cidade. Trabalhei duas semanas na apresentação. É fácil imaginar que a teoria dos intitulamentos do Sen, apresentada nesse capítulo, ocupava grande parte da discussão, junto com teorias do professor Frank Ellis, da Universidade de East Anglia, sobre a importância da diversificação de estratégias de sobrevivência para os pobres, entre outros. Fiz uma compilação detalhada dos dados da *Food and Agriculture Organization* (FAO) sobre o tema. Lembro do auditório da Federação das Indústrias Estado do Rio Grande do Sul (FIERGS) lotado de gente (cabe muita gente lá) e quando o primeiro membro do painel que eu estava começou a falar eu fui reportado a outro mundo! Ele começou a falar de antibióticos em frangos e usou uma linguagem química que eu confesso, pouco ou nada entendi. O segundo membro continuou falando de antibióticos em frangos, mas comparando agora com a União Europeia. Que situação! Percebi que eles tinham, de algum modo, se equivocado com o convite, pois o termo "segurança alimentar" é ambíguo, tanto pode ser usado no sentido que tratamos nesse capítulo, como no sentido da segurança dos alimentos que consumimos. No final, todos foram muito gentis com a minha apresentação, mas que foi estranho, bom, isso foi!

CAPÍTULO 8
SEM MULHERES NÃO HÁ DESENVOLVIMENTO

Sen é um dos primeiros economistas feministas da idade contemporânea e esse capítulo constitui um testemunho a seu trabalho. Como tal, tem um caráter histórico muito forte. Mas o capítulo vai muito além disso, pois mostra a relação estreita que existe entre empoderamento feminino e agência, assim como a perspectiva da liberdade precisa das mulheres como líderes ativas desse processo.

Se pararmos para pensar, faz todo sentido o que Sen está dizendo. Quase todos os programas mais emblemáticos e bem-sucedidos de promoção do desenvolvimento humano têm as mulheres como peça-chave. Apenas como exemplo, menciono o caso do microcrédito, na linha do Banco *Grameen* de Bangladesh, criado pelo professor Muhammad Yunus em 1976, que somente funcionou porque os empréstimos foram feitos prioritariamente para grupos de mulheres. Na mesma linha, podemos considerar o modelo de transferências de renda condicionada, como o Bolsa Família, cujos recursos também são transferidos para as mulheres e gerenciados por elas. Existem inúmeros outros exemplos na literatura de desenvolvimento sobre a importância das mulheres na redução da mortalidade infantil, educação das crianças, gestão do meio-ambiente etc..

Para entender a essencialidade do papel das mulheres na promoção do desenvolvimento humano, Sen lança mão da distinção conceitual entre bem-estar e agência, desenvolvida magistralmente por ele no seu *"Well-Being, Agency and Freedom"*, de 1985 e que sem dúvida constitui uma das principais contribuições de sua perspectiva da liberdade. Normalmente quando falamos em bem-estar ou qualidade de vida, não destacamos o quão importante é para as pessoas serem reconhecidas como senhores ou senhoras de suas próprias ações. Igualamos assim, situações que seriam diferentes, nas quais as pessoas teriam um mesmo nível de bem-estar, mas em alguns casos como produto de sua vontade e escolha e outros em que isso não aconteceria. Bem-estar e agência, são dois elementos representados pelo conceito chave de Sen, capacitações, como tentei mostrar no Quadro 1 (capacitações = capacidades + habilidades, onde a categoria capacidades representa o bem-estar e a categoria habilidades representam a agência). Para apreciar a importância desses conceitos ao avaliar a situação das mulheres, basta pensarmos em uma situação onde seu bem-estar aumentaria à custa da redução de sua capacidade de agência. A Figura 13 reforça essa distinção:

Figura 13 - Agência e Bem-estar

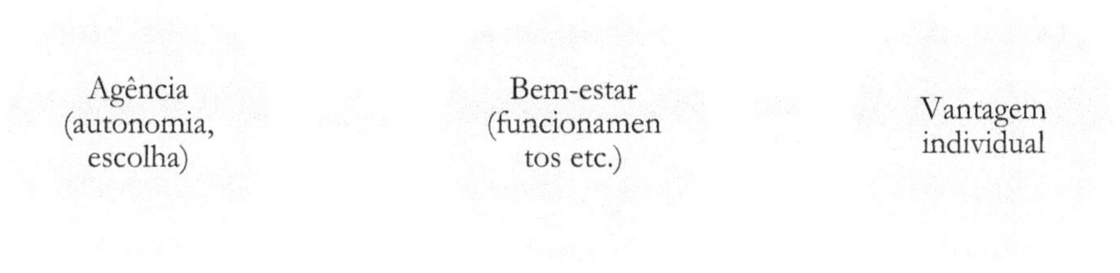

Agência
(autonomia,
escolha)

Bem-estar
(funcionamen
tos etc.)

Vantagem
individual

Uma implicação importante do uso conjunto das categorias de agência e bem-estar, é que a posição final de vantagem individual de uma pessoa não pode ser restrita a uma dessas categorias. Outra maneira de dizer isso, é que a categoria de bem-estar não pode ser considerada como finalística ou última, pois não inclui elementos essenciais relacionados à agência das pessoas. Não é que uma análise do bem-estar não importe, pelo contrário, apenas não é suficiente. Isso vale ainda mais no caso das avaliações que tratam das restrições que coíbem o papel das mulheres na promoção do desenvolvimento humano.

Sociedades que oprimem as mulheres são aquelas nas quais elas não conseguem fazer nada fora de casa, onde têm dificuldades para estudar e trabalhar, onde mesmo quando trabalham não ganham muito e onde seus direitos de propriedade não são respeitados. Sociedades onde as mulheres não têm agência são aquelas nas quais o seu *status* social é baixo, onde elas não são independentes e não têm poder de exercer sua voz. Como consequência, perdem não somente as mulheres, mas perde toda a sociedade, uma vez que a independência das mulheres afeta não somente a maneira pela qual recursos são divididos dentro das famílias, mas também na sociedade.

Para entender melhor isso, precisamos abandonar a ideia de família harmoniosa, promovida por visões que colocam para debaixo do tapete os interesses divergentes que podem haver dentro dos lares. Claro que existem, e devem existir, interesses congruentes, mas não devemos assumir que a família possa ser vista como um monobloco. A constatação de que a posição do homem é boa não deve significar automaticamente que a posição da mulher e das crianças também o seja. Por isso, Sen trabalha com a ideia de *conflitos cooperativos* para descrever melhor a relação existente dentro das famílias. Os problemas surgem quando os interesses divergentes são sufocados e as mulheres são colocadas em uma posição na qual nem se dão conta das privações que passam.

É interessante observar que Sen não considera arranjos distintos de famílias (entre homens, entre mulheres, entre uma mãe e uma filha, entre irmãos, ou mesmo entre amigos que vivem juntos, estilo da série *Friends* etc.) não porque ele tenha algo contra esses arranjos, mas sim porque foca na opressão sofrida pelas mulheres dentro de modelos tradicionais de famílias.

Quando pensamos em famílias pobres, sabemos que a agência das mulheres pode influenciar a divisão intrafamiliar de comida, cuidados de saúde, educação dos filhos, divisão das tarefas dentro de casa etc., chegando a afetar a discussão pública sobre taxas de fertilidade e gestão ambiental. Não é pouca coisa. Entretanto, Sen parece tomar como dado que as mulheres têm valores diferentes (que afetam todas essas questões distributivas) sem se perguntar o porquê disso. Assim, uma coisa é saber que quando as mulheres são empoderadas a sociedade se beneficia desses sistemas de valores que podemos chamar de 'mais humanos'.

Outra coisa, é parar para pensar o porquê desses valores serem restritos às mulheres e o que explica que diferentes mulheres possam ter valores diferentes.

É verdade que Sen discute as condições que definem o grau de *viés anti-feminino* que permeia determinadas sociedades. Mas o que define o baixo *status* social e de poder econômico das mulheres nessas sociedades? Do modo como ele fala parece que se trata somente de que o trabalho doméstico feminino é invisível, mas que quando é realizado fora de casa se torna visível, contribuindo para a melhoria da sua posição dentro da família. De algum modo, paradoxalmente dando razão à Rawls, parece que a renda das mulheres produz uma gama de impactos gerais positivos, como a melhoria de sua voz, independência, emancipação, agência e empoderamento. Em outras palavras, a crítica que Sen faz a Rawls ao incluir a renda na lista dos bens primários, parece injustificada quando o mesmo Sen destaca o valor que a renda das mulheres tem na promoção de sua agência e autonomia dentro das famílias e na sociedade.

Mas eu gostaria de voltar a um ponto que considero essencial a essa discussão através de um exemplo. Na página 195, Sen (1999) faz referência à "importância que as mães tipicamente dão ao bem-estar de suas crianças". Por quê mesmo? Essa está longe de ser uma questão menor. É uma questão sobre valores e atitudes que explica muita coisa na sociedade. Então, volto ao ponto. Por quê as mulheres parecem ter um conjunto de valores diferentes dos valores dos homens? O que faz com que as mulheres sejam mais benevolentes, mais humanas, mais preocupadas com seus filhos, com o meio-ambiente e com questões de justiça? Eu poderia contar várias histórias aqui sobre o *Relatório de Desenvolvimento Humano Brasileiro* de 2008-2010 que tive o privilégio de coordenar para o PNUD Brasil e que tratou exatamente o tema de valores, mas prefiro pular essas histórias para focar em um ponto que me parece muito mais crucial que é sobre os homens. Vou procurar ser o mais assertivo possível aqui.

Não podemos tratar de maneira adequada a questão da agência das mulheres sem levarmos em conta os problemas causados pela masculinidade tóxica. Essa é uma omissão notável nesse capítulo do DL, que pode ser facilmente perdoada pela contribuição substantiva dada por Sen ao tema, mas que não deixa de ser uma omissão quando voltamos ao tema vinte anos depois. Muito do que ele elabora nesse capítulo é influenciado pelo estudo de Murthi, Guio e Drèze, de 1995 sobre o *status* das mulheres e seus impactos positivos sobre mortalidade infantil, fertilidade e alfabetização. Mas há muito mais em jogo, como ilustra o Quadro 14. A opressão às mulheres não é um dado cultural ou um fato da natureza. Ela é causada pelos homens e como tal precisamos pelo menos incluir essa variável em nossa equação para entender que políticas muito mais diretas devem ser dirigidas para a mudança de crenças, atitudes e comportamentos dos homens. E tudo começa enquanto eles ainda estão formando os seus valores. Não podemos deixar de falar dos homens quando falamos da necessidade de promoção da agência das mulheres.

Quadro 14 - Gillette e a masculinidade tóxica

A campanha da Gillette, *The Best Men Can Get*, lançada no dia 14 de janeiro de 2019, modificada depois para *The Best Men Can Be*, que traduzindo, seria, "o melhor que os homens podem ser ou conseguir ser", virou um marco na discussão da masculinidade tóxica. Nos seus 1m48s de duração, o vídeo conclama os homens a tratarem as mulheres com respeito, a evitarem atos machistas e a darem o exemplo para as gerações futuras. Ou seja, nada que estivesse fora de padrão esperado de civilidade entre gêneros. Eu não posso deixar de postar o link do vídeo aqui:

The Best Men Can Be. Disponível em:

<https://www.youtube.com/watch?v=8u_9mKYWkoc >   Acesso em: 18

abril de 2021.

Esse é o único *link* de um vídeo de *YouTube* que estou colocando nesse livro devido a sua importância não apenas histórica, mas pela relevância de sua mensagem. O mais incrível, contudo, é que o vídeo original, que conta, no momento em que escrevo, com 36 milhões de visualizações, foi reprovado por mais de 1.6 milhões de pessoas, enquanto foi aprovado pela metade desse número (826 mil pessoas). O vídeo foi objeto de inúmeras ofensas e ameaças de "leais consumidores" da Gillette que prometeram nunca mais comprar da marca devido às ofensas (quais ofensas?) recebidas. Para não falar das inúmeras paródias feitas com o comercial que se tornaram virais.

As inúmeras reações negativas a essa mensagem, mostram exatamente o que ela quer mostrar: que existe muito machismo, muita masculinidade tóxica que impede que avancemos na agenda sobre gênero. Podemos mostrar todos os impactos positivos resultantes do empoderamento das mulheres, mas se os homens forem contrários a tratar as mulheres com um mínimo de respeito e de dignidade, por considerarem que têm alguma vantagem nisso, temos um problema muito maior, de natureza ética, para a realização dos objetivos de desenvolvimento humano.

Para completar esse ponto, devemos notar, com base nas evidências disponibilizadas por Sen, que a melhoria da alfabetização dos homens, bem como de redução de sua pobreza, não produz impactos similares sobre a redução da mortalidade infantil quando comparada com a melhoria dessas variáveis para as mulheres. Claro, o problema é que além dos homens não conseguirem ser uma força positiva de promoção do desenvolvimento humano, acabam constituindo uma força negativa reativa que impede os progressos necessários.

Um exemplo: em lugares onde a proporção mulheres/homens é mais baixa na Índia há mais violência e menos progresso social. Os homens acabam sendo uma fonte de agressão e violência na sociedade, muitas vezes, contra as próprias mulheres. Dados do *Fórum Brasileiro de Segurança Pública* (2020) sugerem que a violência doméstica e o feminicídio são altíssimos no Brasil. Não são um problema menor. Por todas as implicações positivas que o empoderamento feminino tem sobre o desenvolvimento humano das sociedades, não parece ser um exagero dizer que o machismo ou a masculinidade tóxica é uma das principais barreiras para o desenvolvimento de um país.

CAPÍTULO 9

FOME *VERSUS* DIREITOS REPRODUTIVOS?

A questão da fome está associada não somente à questão da agência das mulheres, mas também à tragédia da tolerância à fome nas sociedades contemporâneas. As projeções de Thomas Malthus (1798) que a produção de alimentos ficaria para trás na corrida com o crescimento demográfico não se materializaram. Isso não quer dizer que não venham a ocorrer com os impactos da mudança climática em um futuro não muito distante. O principal desafio é claramente distributivo e não produtivo. Não vale à pena repetir, ou discutir aqui, as estatísticas levantadas por Sen, pois adicionariam pouco ou quase nada às tendências levantadas por ele sobre o aumento constante de produção e produtividade de alimentos no mundo acima do crescimento populacional.

No entanto, cabe notar que Sen classifica dois erros opostos baseados em análises que focam na razão comida/população para avaliar a questão da fome generalizada. O primeiro, descrito acima, poderia ser chamada de *pessimismo Malthusiano*. O segundo erro, que seria o oposto, ou seja, de que houvesse uma produção de alimentos muito superior ao crescimento demográfico, poderia ser chamada de *otimismo Malthusiano*. Esse otimismo, se fosse usado para descartar ajuda para pessoas que não possuem os necessários intitulamentos alimentares para evitar a fome, poderia igualmente estimular uma interpretação equivocada do problema. A questão, como Sen destaca, é menos de produção e mais de distribuição.

Muitos malthusianos enxergam na coerção aos direitos reprodutivos das mulheres uma maneira de resolver o desafio de intitulamentos. Sen trata esse problema como a *questão da coerção*, na qual existem três perguntas a serem respondidas:

a.	A coerção é aceitável nessa área de direitos reprodutivos?

b.	Na falta de coerção, será que o crescimento populacional pode ser rápido demais?

c.	Será que a coerção é de todo efetiva, sem efeitos colaterais prejudiciais?

Sen não consegue responder a essas perguntas antes de entrar em uma discussão que relaciona direitos, direitos humanos e a agência das pessoas. Esta é sem dúvida uma das questões mais relevantes da sua perspectiva, e por isso dedico a ela o quadro 15.

Quadro 15 - Direitos e Agência

Para entender como Sen usa o conceito de direitos, é importante que relacionemos esse uso as suas críticas das abordagens informacionais distintas. Por um lado, ele critica abordagens deontológicas por introduzirem classes de direitos que não são sensíveis a consequências. Por outro, critica abordagens utilitaristas por não darem nenhum valor aos direitos independentemente de sua utilidade (ou valor instrumental em termos de utilidade). De maneira simplificada, podemos dizer que para os *utilitaristas*, os direitos são apenas instrumentais, contingentes às circunstâncias e que para os *libertários* os direitos são concebidos acima de quaisquer consequências, de modo incondicional. Sen é contrário a essa dicotomia por entender que ambos têm alguma razão em suas abordagens.

O modelo que Sen propõe em 1982, com seu artigo "Rights and Agency", tenta combinar uma prioridade de escolha de objetivos com uma análise sensível às consequências. Com isso procura superar algumas dificuldades criadas por alguns direitos que têm apenas força legal *versus* outros que têm importância normativa (pré-legal). Ele chama o seu sistema de *Goals-Right System* (a tradução seria algo como Sistema de direitos como objetivos). Nesta perspectiva, ele argumenta que não há porque confinar uma análise sensível a consequências somente ao mundo utilitarista e que também não se justifica tratar os direitos independentemente de suas consequências.

Mas isso não é tudo. Sen introduz o conceito de *valores relativos aos agentes*, que são aqueles valores específicos aos agentes e as suas razões para agir. Ele oferece uma classificação incluindo algumas razões associadas à autonomia do agente, outras de caráter mais deontológico de não ser maltratado por outros, nas quais ele distingue resultados de acordo com a posição relativa de quem vê ou considera determinada situação em relação a quem está fazendo ou executando determinada ação. Não há escopo aqui para explicar todas as implicações deste artigo para a formação de uma moralidade baseada em direitos e sensível às consequências, mas cabe notar que essa é a moralidade que Sen tem em mente quando discute a questão da agência das mulheres em contexto de fome generalizada.

Fica claro que as respostas às perguntas citadas vão depender muito de que tipo de abordagem ética se siga. Há uma ampla gama de respostas que podem ser dadas segundo a posição que alguém ocupe no debate Malthus-Condorcet. Já falamos um pouco de Malthus. É justo que agora digamos algumas palavras sobre Condorcet. Não resta dúvida que Condorcet é um dos heróis de Sen e que muito esteja vinculado ao campo da escolha social, discutido no capítulo 11 do DL.

Não havia muita disputa entre Malthus e Condorcet acerca da relação entre crescimento populacional e crescimento da produção de alimentos. Mas eles discordavam sobre as tendências de fertilidade. Condorcet (1795) acreditava que com a expansão da educação, principalmente a feminina, haveria uma redução voluntária da fertilidade das mulheres, baseadas no "progresso da razão". Malthus achava isso tudo pouco provável, por isso defendia a introdução de restrições morais às famílias mais pobres e se isso não funcionasse defendia a redução forçada da fertilidade através de medidas mais restritivas. Este debate tem variantes contemporâneas como o modelo de fertilidade de Gary Becker (1976).

Sen prefere ficar com os resultados empíricos do trabalho de Murthi, Guio e Drèze (1981) que concluíram que a alfabetização feminina e a sua participação no mercado de trabalho têm um forte impacto na redução da fertilidade. Não se trata unicamente de uma questão de desenvolvimento econômico, mas de desenvolvimento social com foco na educação e no emprego das mulheres, considerando os impactos positivos sobre sua autonomia e agência.

Mas como a educação pode promover o poder de decisão das mulheres dentro de suas famílias? Primeiro, melhorando o seu *status* social; segundo, estimulando sua habilidade de ser independente; terceiro, dando mais chances para que se articule no mundo; quarto, oferecendo mais conhecimento sobre esse próprio mundo e por fim, melhorando sua habilidade de influenciar decisões em grupo. Esses efeitos positivos não se resumem ao que acontece dentro das famílias e possuem impactos externos que melhoram a qualidade da discussão pública.

A coerção não deve ser nem contemplada. Sen relata algumas duras histórias de violação de direitos pelas autoridades chinesas que costumavam coagir famílias a ponto de explodir suas casas. Para ele, mudanças de comportamento reprodutivo construídas nessas bases não são estáveis. Do mesmo modo, podem gerar consequências negativas indesejáveis como o abandono fatal de meninas, crianças, à sua própria sorte. Poderia se dizer também que devido ao crescimento econômico e às novas oportunidades sociais na China, não seja possível perceber com clareza o impacto das medidas coercitivas sobre a queda de fertilidade.

Melhor uma situação como a do estado de Kerala, na Índia onde a fertilidade caiu voluntariamente sem a necessidade de medidas coercitivas, ou seja, sem os efeitos adversos gerados pela supressão das liberdades das pessoas.

Entretanto, houve um período durante o governo de Indira Gandhi, na metade da década de 1970, em que foi declarado estado de emergência com a suspensão de algumas liberdades pessoais e civis. A obsessão do governo com o "planejamento" familiar também gerou um conjunto de medidas arbitrárias como ameaças verbais, esterilização como condição para participar de programas de redução da pobreza, negação de benefício maternidade para mães de mais de duas crianças, e por aí vai. Isso repercutiu mal para o partido de Indira Gandhi e gerou desconfiança entre as pessoas.

Vale à pena parar um minuto para mencionar dados da Organização Mundial da Saúde (OMS) acessados em 2021. Segundo a OMS, a cada ano, se estima que 21 milhões de meninas entre 15 e 19 anos, vivendo em países em desenvolvimento ficam grávidas, e que um pouco mais da metade desse número, 12 milhões, acabam dando a luz. Dentre esses casos, 780 mil acontecem entre meninas com menos de 15 anos. Existe uma enorme variação no mundo. O problema é claramente maior na África Ocidental e no Nordeste da Ásia. Dentre os quase 6 milhões de abortos que acontecem entre adolescentes a cada ano, estima-se que 3.9 milhões se dá de modo precário, contribuindo para o aumento dos números de mortalidade materna. Um aspecto ainda mais perverso da falta de direitos reprodutivos se manifesta através da mutilação genital feminina que afeta 200 milhões de mulheres e meninas em 30 países, espalhados pela África, Oriente Médio e Ásia.

Não resta dúvida que o tema alimentação é de grande importância para o desenvolvimento humano dos países. No entanto, a armadilha malthusiana de pensar a questão da alimentação como uma questão relacionada ao crescimento da população e, consequentemente, a taxa de fertilidade, promove a violação dos direitos reprodutivos das mulheres. Não há nada que sugira que a coerção funciona melhor do que a educação como um mecanismo voluntário de redução da fertilidade. Se ainda por cima, este mecanismo vier acompanhado de oportunidades de trabalho, direitos de propriedade etc. para as mulheres, o efeito deve ser ainda mais forte.

Tenho somente um ponto de discordância com Sen aqui. Ele coloca essas limitações de liberdades substantivas das mulheres na conta das especificidades das sociedades nas quais elas vivem e em "tradições sociais não-examinadas". Por isso ele conclui, logicamente, que a solução para o problema da população requer mais e não menos liberdades para as mulheres. Não acho que isso esteja errado. Mas considerando que ele trata pela segunda vez em DL da questão da redução das liberdades substantivas das mulheres, me parece inacreditável que ele não dedique nenhuma atenção à questão da cultura do machismo. Assim, parece que tudo que é necessário é que as mulheres sejam livres! Mas e os homens dispostos a oprimi-las e a discriminá-las? Parece que a solução que ele propõe é, dessa maneira, apenas parcial e que uma solução mais completa deveria tratar tanto do empoderamento feminino como da redução ou da eliminação da masculinidade tóxica.

CAPÍTULO 10

EM DEFESA DOS DIREITOS HUMANOS

Direitos humanos constituem um espaço informacional que é próximo, porém, distinto das capacitações. Nesse capítulo do DL, Sen examina três críticas à retórica dos direitos humanos que há 20 anos ganhava proeminência, não só na literatura sobre desenvolvimento, mas na linguagem usada por governos nacionais e organismos internacionais.

As críticas que Sen examina são relacionadas à consistência intelectual da linguagem de direitos humanos. A primeira crítica, que ele denomina de *questão de legitimidade* das demandas dos direitos humanos, acusa esse discurso de confundir as consequências de sistemas legais com princípios pré-legais. O ponto em questão é que se os direitos humanos não fossem sancionados pela autoridade legal dos estados, eles não existiriam. Uma metáfora: assim como ninguém nasce vestido, ninguém nasce com direitos. A segunda crítica, Sen chama de *questão da coerência* e argumenta que direitos que não tenham uma contrapartida em deveres que os promovam, não podem ser considerados coerentes. Segue que alguns direitos considerados direitos humanos, tais como o direito à alimentação, não passam de direitos vazios (ou de uma expressão de bons sentimentos) com pouca ou nenhuma implicação prática. Por fim, a terceira crítica, chamada da *questão cultural*, questiona se direitos humanos têm uma aplicabilidade universal, ou se são o produto de uma ética específica de sociedades ocidentais contemporâneas. A Figura 14 destaca os principais elementos dessas distintas críticas.

Figura 14 - Críticas aos direitos humanos

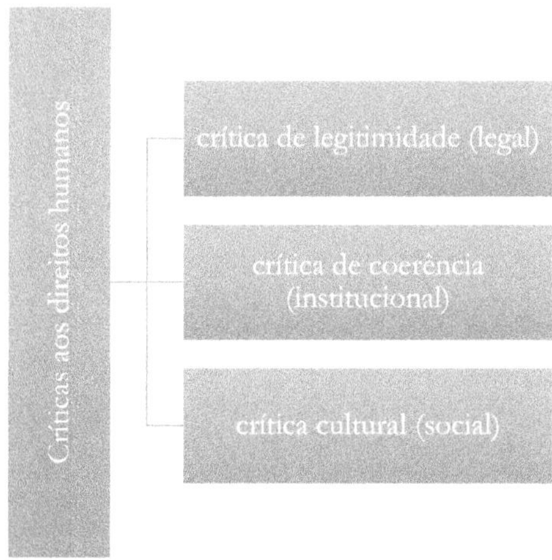

Para Sen, o domínio dos direitos humanos transcende o domínio dos direitos legais. Explico: direitos humanos podem estar presentes em direitos que não têm como ser legalizados, tais como o direito de uma esposa participar nas decisões familiares importantes, sem ser excluída pelo marido machista, ou o direito de ser respeitado no trabalho, de maneira ampla e irrestrita. Que alguns direitos humanos, principalmente aqueles de cunho social, sejam legalizados, apenas demonstra que a demanda por legalidade pode ser justificada pelo reconhecimento de certos direitos humanos. Mas a legalização não pode chegar a toda esfera em que os direitos humanos, entendidos como um conjunto de princípios éticos, abarca.

Devo confessar que não estou seguro desse argumento de Sen. É verdade que a força normativa dos direitos humanos está centrada no conceito de respeito à dignidade dos indivíduos e que, portanto, sempre que essa dignidade for violada, em uma variedade de contextos, é possível caracterizá-la independente de sua força legal. No entanto, isso não elimina a relevância entre direitos humanos reconhecidos legalmente e direitos humanos não reconhecidos legalmente, pois aqueles reconhecidos legalmente concretizam uma vontade coletiva (ou pública) que têm uma força ética que o outro não tem.

Não podemos negar que há uma dimensão histórica na legalização de direitos que parece sempre estar à reboque dos consensos éticos formulados para o embasamento dos direitos humanos. Basta pensarmos em como a escravidão já foi legal, como as mulheres foram conquistando o direito de votar muito tardiamente, ao longo do século XX, e como agora as pessoas trans sofrem em todo o mundo em sua luta pela legalização de seus direitos civis (em condições de igualdade aos demais). Exatamente por toda a luta que envolve a legalização dos direitos humanos, é que não tenho certeza desse argumento de Sen. Parece que a legalização, entendida como uma concretização da razão pública ou da vontade coletiva, tem um valor que não pode ser ignorado.

Mas não seria o discurso de direitos humanos uma quimera? A segunda crítica, centrada na falta de realização de alguns direitos humanos, não é fácil de descartar. Mesmo no Brasil, a própria Constituição Federal de 1988 está cheia de direitos humanos que estão longe de serem efetivamente contemplados pela cidadania. Além disso, para que serviriam direitos que não são realizáveis? E como direitos podem ser realizáveis se não através do estabelecimento de deveres correspondentes? De fato, estas não são perguntas menores. Sen, entretanto, argumenta que direitos humanos não são limitados ao que estados nacionais podem prover e que como tal, não podem ser atribuíveis à contribuição de nenhum indivíduo ou estado em particular. Direitos humanos seriam assim reivindicações éticas destinadas a todos aqueles que pudessem ajudar a concretizá-las.

Em outras palavras, pedindo emprestado a linguagem de Immanuel Kant, ele está dizendo que direitos humanos não dependem de deveres específicos de agentes particulares para a realização de determinados direitos (obrigações perfeitas), mas de deveres que dependem das circunstâncias e das escolhas dos indivíduos (obrigações imperfeitas), como acontece nos casos da caridade e beneficência.

Há, nas obrigações imperfeitas, um grande espaço para o julgamento individual dentro de laços que são muito mais fracos. Claro, parte do problema que Sen discute é que pode ser difícil definir laços de atribuição entre a ajuda de uma pessoa e o benefício de outra. Nem sempre fica claro porque alguém passa pelas privações que passa (por ação pessoal, de governos, de outras instituições, como escolas, ou mesmo de indivíduos). Por essa razão, Sen propõe que façamos a distinção entre um direito que uma pessoa não tem de um direito que uma pessoa não tem e que não é realizado. Em outras palavras, a não realização de um direito humano, não significa que o direito não seja um direito. Por essa razão ele recomenda que a linguagem dos direitos acompanhe a linguagem da liberdade

Por fim, a terceira crítica, relacionada às diferenças culturais e aos "valores asiáticos" recebe uma atenção desproporcional de Sen nesse capítulo do DL. Em sua essência, essa crítica nega que direitos humanos possam ser universais, pois existem valores de outras regiões (por exemplo, tradições baseadas em Confúcio etc.) e outros que impedem que direitos constituam uma base de direitos políticos. Ele concentra sua discussão na existência ou não de valores asiáticos. Para resumir uma longa história, devemos considerar que Sen salienta que distintas culturas possuem componentes diferentes desse conceito contemporâneo de liberdade política. Ele foca na ideia de que a liberdade pessoal para todos é importante para uma boa sociedade, a qual contém dois elementos distintos:

a)   O valor da liberdade pessoal: garantindo que a liberdade pessoal é importante e deve ser garantida para aqueles que interessam;

b)   A igualdade da liberdade: que diz que todos interessam e que a liberdade que deve ser garantida para uma pessoa deve ser garantida para todas.

Ele destaca que o elemento a) está em Aristóteles assim como está em sociedades como a dos Mandarins ou dos Brahmin. O ponto é claro, existem exemplos nas culturas orientais e ocidentais que podem ser muito parecidos, e como tal, não há razão para desprezar uma cultura em relação a outra. De fato, esse tema permeia toda a discussão que Sen oferece no livro *"The Argumentative Indian: writings on Indian history, culture and identity"*, de 2006, no qual ele mostra como existe uma má caracterização de culturas orientais por autores ocidentais. Uma outra distinção entre elementos relevantes que ele oferece é:

c)   O valor de tolerar: que prega que deve haver tolerância entre crenças diversas, compromissos e ações entre pessoas diferentes (é interessante notar que o Sen usa a palavra em inglês *toleration*, que não é exatamente igual a *tolerance*, já que *toleration* faz referência a um tipo de tolerância imposta ou relutante, que não tem o mesmo significado de *tolerance* como uma virtude pública da idade contemporânea);

d)   A igualdade de tolerância: na qual a tolerância que é oferecida para alguns deve ser oferecida para todos.

Assim como na questão da liberdade, se repete o mesmo argumento de que esse elemento está presente em tradições asiáticas, bem como nas ocidentais. É verdade que o Budismo enfatiza mais a ideia de liberdade do que o Confucionismo, que destaca mais a ideia de disciplina ordenada, mas também devemos levar em conta que o Confucionismo não é a única tradição representada na Ásia. A história da Índia é rica em tradições onde a liberdade, a tolerância e a igualdade têm um papel importante, como se pode ver nos escritos do Imperador Ashoka e de Kautilya. Não vou repetir aqui o que Sen conta da história de Kautilya, um contemporâneo de Aristóteles, porque creio que está tudo melhor no *"The Argumentative Indian"* (2006), mas há parte dessa discussão que mostra a importância de Aristóteles para a abordagem das capacitações, quando Sen argumenta que "não encontramos em Kautilya nada parecido com a clara articulação que Aristóteles oferece sobre a importância do livre exercício da capacitação" (1999, p. 237).

Sen também examina o caso do imperador mongol Akbar, que reinou entre 1556 e 1605 e promoveu a aceitação de formas diversas de comportamento social e religioso, bem como de categorias de direitos humanos, incluindo a liberdade de crença e de prática religiosa. Isso não significa que Akbar fosse um democrata, nem que não fosse conivente com outras formas de intolerância. Sen nota que é interessante como Akbar pregava a tolerância religiosa ao mesmo tempo em que as fogueiras da Inquisição trabalhavam muito na Europa. Sua conclusão é clara: aqueles que tentam caracterizar os valores asiáticos como autoritários têm uma leitura muita restrita e uma interpretação muito arbitrária de parte dos autores e das tradições existentes na Ásia.

Isso não significa, entretanto, que as forças da globalização não sejam capazes de afetar as culturas nativas dos diferentes países. Para Sen, essa é uma força inescapável, ou seja, não há como parar a globalização comercial e econômica devido à competição e à tecnologia que se impõe. A única coisa que pode ser feita é a gestão de processos de transição por meio da qual sejam oferecidas novas oportunidades de treinamento e de desenvolvimento de novas habilidades àquelas pessoas colocadas no andar de baixo da globalização. Algumas coisas sempre serão difíceis de consertar, tal como o desaparecimento de estilos de vida mais tradicionais e um correspondente sentido de perda. Mas existem também novas oportunidades que devem ser ampliadas para todos e não somente para setores privilegiados de determinadas sociedades.

Sen tem uma visão muito positiva da cultura, que foi trabalhada melhor por ele no seu livro "*Identity and Violence* : the illusion of destiny", de 2007, segundo a qual todos nós temos uma grande capacidade de gostar de coisas independentemente de sua origem. De tal modo que para ele, o nacionalismo cultural pode ser visto como uma filosofia de vida debilitante.

Conto uma história: durante o período em que co-editei o livro *"The Capability Approach*: concepts, measures and applications" (2008), com Mozaffar Qizilbash e Sabina Alkire, tivemos várias reuniões com Sen na sua residência como *Master* do Trinity College, em Cambridge, nas quais ele gentilmente nos deixava trabalhar na sua biblioteca particular. Lembro dele, sempre generosamente, oferecer chá e se ficássemos trabalhando até mais tarde, vinho tinto. Lembro também de conversarmos sobre vinho algumas vezes e de eu ficar impressionado com o conhecimento que ele tinha sobre os tipos e variedades da bebida. Na realidade, Sen é um grande *connoisseur* de vinhos. Esse é o primeiro exemplo que me vem a mente quando penso em como ele desenvolveu um gosto, independente de sua origem. Poderia também mencionar uma vez na qual ele me convidou, junto com minha esposa e filha - que então devia estar com cinco anos, para jantar no seu restaurante favorito em Cambridge, nos Estados Unidos: uma cantina! Alguns diriam que se Sen, não fosse indiano, seria italiano! (sim, que eu saiba ele nunca trocou o seu passaporte por um passaporte inglês ou mesmo americano, mas se fosse pela gastronomia acho que ele escolheria ser italiano!). Voltando ao ponto: Sen escreve sobre algo que é uma realidade na sua vida. Não existe para ele uma cultura "limpa"; culturas são dinâmicas, mais complementares do que autossuficientes, mais universais que locais. Influências culturais nao sao paramétricas, mas se co-determinam.

Sen conclui essa discussão, lembrando que "Não devemos perder nossa habilidade de entender-nos uns aos outros e de desfrutar dos produtos culturais de países distintos pela defesa apaixonada do conservadorismo e da pureza" (1999, p. 244). Essa observação tem "gosto" de Adam Smith em vários sentidos, mas principalmente no seu elogio à universalidade da natureza humana que pode acomodar preferências distintas e na qual a diversidade não é um constrangimento, mas uma riqueza.

De fato, a perspectiva da liberdade que Sen oferece em *"Identity and Violence"* (2007) tem um forte caráter universalista. Essa característica do seu trabalho parece envelhecer em barris de carvalho com o tempo, ficando mais acentuada por exemplo no seu livro *"The Idea of Justice"* (2000), como comentado antes. Em outras palavras, podemos dizer que generalizações estereotipadas de culturas de outras partes do mundo são incorretas. Além disso, ao invés de celebrarem a diversidade destas culturas, acabam culpando valores distintos dos valores ocidentais. No caso particular dos valores asiáticos tachados de "autoritários" se faz pouca justiça às tradições que Sen ilustra nesse e em outros livros.

CAPÍTULO 11
ESCOLHA SOCIAL E COMPORTAMENTO INDIVIDUAL

O título desse capítulo do DL engana. Apesar de começar com algumas considerações pertinentes à área de escolha social, toda a ênfase dada por Sen ao longo do capítulo é, na verdade, sobre a formação de valores. Não resta dúvida de que esse é um tema muito interessante e relevante, mas de fato é uma pena que Sen não aprofunde sua discussão sobre a escolha social, uma vez que ele deixou claro em inúmeras instâncias, como no seu discurso de recebimento do prêmio Nobel, que é a abordagem que norteia seu trabalho.

O capítulo começa com um espantalho construído por Sen: três críticas à possibilidade de um progresso baseado na razão. A primeira, inspirada no teorema da impossibilidade de Arrow, sugere que não é possível ter uma abordagem coerente de avaliação social baseada em critérios não controversos. Esta crítica é a única que tem uma relação mais estrita com a disciplina de escolha social. A segunda critica, argumenta que não há relação entre ações ou políticas intencionais e resultados obtidos. De fato, se baseia na ideia de "consequências não-intencionais" com uma larga trajetória na história da economia. Por fim, a terceira crítica sustenta que o comportamento humano é restrito ao auto interesse, deixando pouco escopo para um pluralismo motivacional baseado em aspectos sociais ou morais, ou de comprometimento, distinto de mecanismos de mercado.

Sen começa a explicar a primeira crítica, vinculada ao teorema de Arrow, através do paradoxo do voto, que explora uma situação na qual o voto majoritário (o do 50% + 1) não funciona. Acho a explicação dele meio rápida. Então, tento explicar melhor com a Tabela 6, na qual as diferentes opções x, y, z são colocadas na ordem de preferência das pessoas 1, 2 e 3. Assim, podemos ler na tabela que a pessoa 1 prefere a opção x à opção y e essa à opção z (diferentes linhas indicam diferentes ordens de preferência).

Imagine que uma pessoa possa escolher seus candidatos à deputado/a pelo tipo de bandeira social que defendem e que um eleitor/a prefira os candidatos que defendem a educação, mais do que os que defendem a saúde, e por sua vez, preferem os que defendem a saúde mais do que os que defendem investimentos em infraestrutura. O ponto aqui não é tanto sobre a escolha individual, mas sobre a escolha coletiva, ou agregada, de todos os cidadãos.

Tabela 6 - O paradoxo do voto

Pessoa 1	Pessoa 2	Pessoa 3
x	y	z
y	z	x
z	x	y

O mais interessante é, sem dúvida nenhuma, o processo de agregação. Usando a relação P para indicar preferência, podemos ver que duas pessoas (a pessoa 1 e a pessoa 3) acham que x P y. Do mesmo modo, vemos que duas pessoas (a pessoa 1 e a pessoa 2) acham que y P z. Qual seria então a conclusão lógica que se x P y e y P z? Se nossa relação fosse transitiva, ou seja, se fosse coerente, o lógico seria que x P z.

Um exemplo, se você gosta mais de banana do que gosta de laranja e se gosta mais de laranja do que gosta de jaca, seria normal esperar que você gostasse mais de banana do que de jaca, não? Pois é. Não. Se você olhar com calma, vai ver que nessa tabela, duas pessoas (a pessoa 2 e a pessoa 3) acham que z P x. Ou seja, é possível que exista uma situação na qual todos os indivíduos ordenem suas preferências individuais de tal modo que, quando agregadas, produzam preferências coletivas, ou agregadas, que não sejam transitivas e que portanto sejam circulares.

Esse problema foi discutido pelos precursores da escolha social, Condorcet e Borda, ainda no século XVIII, para o caso do voto majoritário, mas Arrow (1963) mostrou que todos os mecanismos de decisão baseados em ordenamentos individuais estão sujeitos a alguma inconsistência. A importância do teorema de Arrow é gigante. Adiciono algumas informações complementares que me parecem importantes para entender o teorema no Quadro 16.

Quadro 16 - O teorema da impossibilidade de Arrow

Não existiria o teorema da impossibilidade de Arrow se não tivesse havido Abram Bergson em 1938 e Paul Samuelson em 1947, pois antes de tratar a questão da consistência das agregações das preferências sociais, não havia o conceito de preferência social assim definido. Parece trivial, mas não o era antes. E mesmo agora, podemos discutir seu significado. Mas Bergson e Samuelson foram fundamentais nessa discussão, pois estabeleceram como preferências individuais poderiam ser agregadas para formar uma função de bem-estar social. Arrow tomou essa base e assumiu que esse processo de agregação deveria satisfazer simultaneamente pelo menos quatro critérios, que se tomados separadamente, parecem muito tranquilos:

i. Eficiência de Pareto: simplificadamente isso quer dizer que se todas as pessoas na sociedade preferem uma opção a outra, então a preferência da sociedade deve refletir isso. Formalmente, isto aparece como: se $x\ P_i\ y$ para todo i, então $x\ P\ y$. Algumas vezes, é difícil de entender porque há que se prestar atenção que a única diferença é no "izinho", que indica que passamos de relações de preferência individuais para relações sociais (na primeira versão do seu livro Arrow (1951) falava em monotonicidade);

ii.   Domínio irrestrito: a preferência social obtida deve produzir uma ordenação completa e transitiva das escolhas sociais;

iii.   Independência das alternativas irrelevantes: a escolha entre duas alternativas não deve ser influenciada por uma terceira alternativa considerada irrelevante, mas deve focar na escolha em questão;

iv.   Não-ditadura: parece razoável assumir que uma função de bem-estar social deva refletir as preferências de vários eleitores e não apenas de um único eleitor

Para mostrar que essas condições não podem ser satisfeitas simultaneamente, Arrow organiza sua prova em três partes. A primeira parte mostra a possibilidade de uma escolha ditatorial. Depois se mostra como através do "espraiamento" da decisão da escolha (de uma pessoa) podemos chegar a um ditador parcial. E por fim, leva à dedução de que todos ditadores parciais levam à mesma pessoa, caracterizando um ditador. Mas a verdade é que esse teorema pode ser provado de muitas formas.

Conto uma história. No curso de escolha social com Sen e Eric Maskin que fiz em Harvard, lá por 2012, cada um dava uma aula em semanas alternadas, mas assistia a aula um do outro. Alguns temas foram diferentes. Maskin deu aulas sobre o seu "desenho de mecanismo", enquanto Sen elaborou em algumas de suas contribuições à área de escolha social, ampliando espaços informacionais, mas no que diz respeito ao teorema da impossibilidade de Arrow os dois fizeram questão de explicá-lo cada um a sua vez. Maskin foi mais formal. Sua demonstração do teorema demorou umas duas horas. Fiquei impressionado em ver um prêmio Nobel se perder em alguma parte do teorema e dizer, com uma naturalidade impressionante, "gente, isso não pode ser assim, acho que errei nessa demonstração matemática, vamos voltar ao passo anterior". Lembro que pensei, "para essa gente grande, erro não é estigma!". Ao mesmo tempo, a demonstração de Sen (que não tinha uma base utilitarista, como a de Maskin, mas que seguia a linha ordinal de Arrow, até certo ponto) foi bem mais rápida. Mais intuitiva, eu diria. Aprendi nessas leituras que se pode demonstrar o teorema de Arrow de várias maneiras, até mesmo por meio de gráficos, por isto não acho que devemos nos fixar em nenhuma demonstração em particular e que a melhor fonte sempre é a segunda versão do livro do Arrow, "*Social Choice and Individual Values*", de 1963.

Em DL, Sen passa meio batido por esse teorema. Mas isso não é o caso em tantos outros livros, como "*Rationality and Freedom*", de 2002, o qual oferece uma das melhores coleções de artigos de Sen no tema da escolha social. Ele deixa, no entanto, um elogio, que mostra toda sua admiração pelo trabalho de Arrow. Diz que "é um teorema extraordinariamente impressionante e elegante –um dos resultados analíticos mais bonitos no campo da ciência social" (1999, p. 251). Sen sabe muito bem o que diz. Ele fez parte, com uma das contribuições mais originais, dessa expansão de literaturas iniciada pelo teorema da impossibilidade de Arrow.

A estratégia de Sen consiste em ampliar os espaços informacionais utilizados por Arrow. Mas o que isso quer dizer? Que levar em conta apenas *rankings* e considerar seus mecanismos de agregação gera resultados que não refletem nossos julgamentos na prática. Segundo Sen, insistir em fazer julgamentos em *rankings* é limitado e inadequado. Mas vamos a um exemplo. No caso de disputas econômicas, um voto majoritário pode ser de pouco utilidade para avaliarmos quão boa pode ser determinada decisão coletiva. Consideremos o caso da divisão de um bolo entre três pessoas, onde cada uma delas escolhe seu voto com o objetivo de maximizar a sua parte no bolo. Podemos começar com qualquer divisão do bolo entre elas, por meio da qual se produza uma "melhoria majoritária", diminuindo a parte de uma das pessoas e dividindo entre as outras duas.

Sen explica que essa maneira de "melhorar" o resultado social através do voto majoritário, pode funcionar mesmo em circunstâncias nas quais a pessoa mais pobre tem a sua parte do bolo constante diminuída através do voto pelos outros dois. Esse processo pode prosseguir até que a pessoa mais pobre tenha pouco ou quase nada. Apesar de Sen não mencionar, parece evidente que está usando o resultado do seu artigo sobre a "impossibilidade de um paretiano liberal" (1970), no qual o voto majoritário poderia levar à violação de liberdades mínimas (no caso, alguém abaixo da linha de pobreza, sem o mínimo necessário para uma vida com alguma dignidade).

O ponto é que um julgamento que leve em consideração apenas os *rankings* das preferências das pessoas, pode produzir esse resultado indesejável. Portanto, o pluralismo informacional é uma necessidade que se impõe, principalmente quando tratamos de escolhas sociais que contêm conflitos distributivos potenciais. O exemplo que Sen discute é somente a ponta do *iceberg*. Muitas outras questões distributivas precisam de espaços informacionais mais amplos, com mais elementos, para que possamos chegar a resultados que não somente sejam eficientes, mas justos.

Nesse debate, o teorema da impossibilidade de Arrow constitui uma abordagem geral para que pensemos sobre decisões sociais baseadas em condições individuais. Sen demonstrou ao longo do seu trabalho, que é possível ter critérios consistentes e coerentes de agregação, contando com espaços informacionais mais amplos. A melhor referência para ver todo esse progresso do Sen é o livro *"Collective Choice and Social Welfare*: expanded edition", de 2017.

A escolha social, no entanto, não trata apenas da agregação de preferências individuais para a formação de escolhas coletivas, ainda que esse seja o grosso da questão. Devemos também considerar o que Sen chama da *política do consenso social,* na qual o desenvolvimento das preferências individuais e normas afeta a maneira pela qual as decisões sociais são tomadas. Sen está preocupado com o papel da discussão pública e das interações entre as pessoas como mecanismos através dos quais elas formam seus valores e compromissos.

Esse é um ponto muito importante para Sen, onde podemos perceber a influência de Rawls. De certo modo, podemos dizer que Sen usa Rawls para ampliar o modelo de escolha social de Arrow. É uma pena que Sen não explique, neste contexto, a distinção feita por Arrow entre preferências e atitudes. Apenas noto que essa distinção espelha a separação que Rawls faz entre nossos dois poderes morais, de ser racionais (saber o que é bom para a gente) e de ser razoável (saber o que é bom para a sociedade). De modo sumário essa distinção está representada na Figura 15.

Figura 15 - Preferências e Valores para Arrow

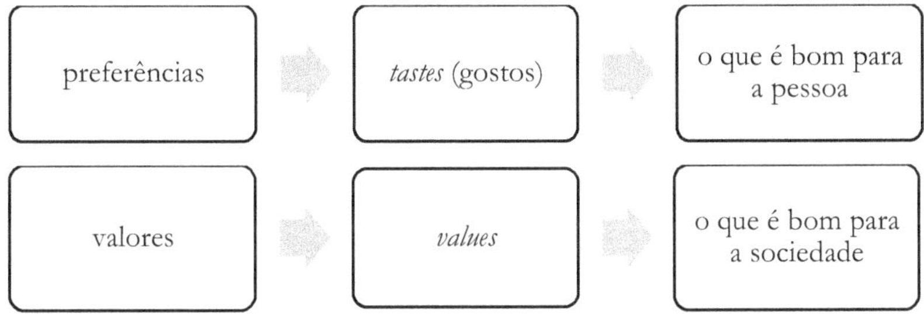

O que é interessante nessa definição é que uma pessoa poderia ter logicamente preferências e valores antagônicos. Um exemplo: do ponto de vista das preferências individuais, uma pessoa pode querer não pagar impostos para não reduzir a sua renda disponível. Se agregarmos todas as preferências individuais chegaremos a um resultado em que os impostos não devem ser aumentados. No entanto, pode ser que a pessoa ache que para a sociedade é melhor ter mais impostos para obter melhores serviços públicos. Teríamos assim um resultado diferente.

De certa forma, pode haver muita ambivalência e muita incoerência neste tópico. Este é um assunto mais para a psicologia social do que para a economia. No entanto, o debate tem claros reflexos no modo pelo qual a sociedade forma suas decisões coletivas.   Este elemento de interdependência e de certa flexibilidade de nossas preferências sociais é destacado por Sen,

> Nossas ideias sobre o que é ou não justo podem responder aos argumentos que são apresentados para a discussão pública, e tendemos a reagir algumas vezes às visões que temos dos demais com um acordo ou um compromisso e em outras com grande teimosia e inflexibilidade. A formação de preferências através da interação social é um dos grandes temas de interesse desse livro... . (1999, p. 253)

A possibilidade de acordos, manifestos em arranjos sociais ou políticas públicas consensuais e adequadas, não tem que gerar um único ordenamento social que cubra todas as possibilidades e prioridades. Para Sen, e esse é um dos pontos fortes de sua teoria, acordos parciais podem gerar opções aceitáveis. Ele toma emprestada a intuição de Buchanan (1954), para o qual acordos parciais podem fornecer soluções práticas baseadas na aceitação contingente de comprometimentos temporários.

Conto uma breve história. No curso de escolha social que fiz com Sen e Maskin, vários desses autores foram discutidos. Uma das minhas maiores surpresas foi ver a admiração e o carinho com o qual Sen tratou autores que poderiam ser vistos como "do outro lado da força", tais como James Buchanan ou Robert Nozick. A leitura de DL não dá destaque quase nenhum à Nozick, brevemente citado pelo seu libertarianismo, ou à Buchanan, citado pela primeira vez na página 274 do DL, mas o entendimento que tive durante as aulas foi que Nozick abriu para Sen caminhos de uma reflexão mais aprofundada sobre a questão dos direitos, enquanto Buchanan trouxe à tona a questão dos processos e dos méritos de acordos parciais.

De fato, Buchanan argumenta (1954, p. 118) que o fato de o voto majoritário ser inconsistente, como demonstrado por Arrow, "fornece um dos salvaguardas mais importantes contra abuso através dessa forma de processo de votação". Segundo Buchanan, a parcialidade dos acordos é assim uma característica desejável das democracias.

Sen parece seguir essa linha quando foca no caráter provisório e parcial de algumas escolhas sociais. Em particular, critica que devamos perder muito tempo tentando decidir o que é melhor, o que é o mais justo, quando há tantas injustiças no mundo sobre as quais atuar. O foco sobre as injustiças é também um olhar sobre as possibilidades de acordo, ou de *consensos sobrepostos*, como diria Rawls (2001). A semente do "The Idea of Justice" (2009), publicado dez anos depois, já estava na discussão que Sen faz do teorema da impossibilidade de Arrow no DL. Assim, a crítica de Sen a esse conjunto de autores não deve ser vista como um sinal de desapreço, muito pelo contrário.

A segunda crítica que Sen analisa, sobre a inutilidade de um progresso pensado ou fundamentado (ou *reasoned*, como ele diz) é que se as consequências não intencionais da ação humana forem dominantes, de pouco vale pensar, planejar ou estruturar uma ação com intenção. Longe de negar a existência de efeitos não intencionais, seu argumento é de que não há a necessidade de determinar essa questão, desde que possamos estabelecer nas circunstâncias relevantes, que exista um elo entre ações pensadas e mudança social. Sen cita exemplos de programas que ilustram seu argumento, tais como, programas de alfabetização universal na Europa e na América do Norte, de combate à varíola ou de introdução de sistemas públicos de saúde na Europa, dentre outros.

A discussão feita por Sen é prioritariamente histórica, embasada no que Adam Smith disse sobre consequências não intencionais. Nesse ponto é relevante observar que quando Sen menciona que "este livro [DL] tem um caráter fortemente Smithiano" (1999 p. 255) isso é a mais pura verdade para 90% do livro.

No entanto, sua crítica ao uso que se faz do conceito de não intencionalidade não parece ser particularmente Smithiana. O ponto que Sen levanta é bem mais simples. Ele argumenta que a questão mais relevante não é sobre se determinada ação é intencional ou não, mas sim se ela é previsível. Se uma ação não intencional é previsível, então não há o mínimo problema.

O ponto chave parece ser mesmo a questão da previsibilidade e o modo pelo qual distintos modelos podem estabelecer elos causais. Sen ilustra essa distinção conceitual com a política de um filho por família, introduzida na China em 1979, cujos efeitos adversos não foram intencionais, mas que poderiam ter sido de certa forma previstos. Um paradoxo que surge dessa discussão é como as reformas sociais introduzidas pela China comunista foram (de modo não intencional) essenciais para o desenvolvimento pró-mercado e para o crescimento econômico daquele país nos últimos tempos. Resumindo essa discussão, podemos dizer que estudar efeitos não intencionais é importante, mas que sua existência não implica que efeitos intencionais não possam produzir efeitos desejados.

Por fim, chegamos ao terceiro argumento, que domina esse capítulo do DL, sobre a formação de nossos valores sociais e, em particular, sobre a impossibilidade de progresso social devido ao domínio do auto interesse na constituição da natureza humana. Não que Sen negue o auto interesse, pelo contrário, reafirma sua importância. Mas, de algum modo, "também vemos ações" (1999, p. 261), que transcendem as fronteiras desse conceito.

Mesmo sendo vago, Sen reafirma que comportamentos puramente egoístas e auto interessados existem, mas que não são os únicos. Em especial, ele fala no senso de justiça que as pessoas possuem. De fato, vários valores sociais exerceram uma grande influência na constituição de uma ampla gama de organizações sociais, incluindo instituições de ação pública responsáveis pela provisão de bens públicos, direitos civis e políticos, bem como pelo funcionamento da democracia.

Se alguém duvida da importância do senso de justiça como um sentimento moral essencial não somente para animais humanos, mas para animais não-humanos, eu convido a ver o vídeo de Frans de Waal (2013, sobre "comportamento moral em animais" (*moral behavior in animals*). Basta ver as reações dos macaquinhos para perceber que o sentido de justiça é algo muito forte do ponto de vista evolutivo (não vou dar mais detalhes para não estragar a surpresa). Em outras palavras, o auto interesse sozinho não consegue manter uma sociedade junta. Por baixo, o sentido de justiça é essencial. Muita gente já falou sobre isso, não é necessário bater nesse ponto, além de reconhecer que o argumento de Sen procede muito aqui.

Por outro lado, fica claro que a análise de Sen não tem a mesma profundidade que a de Nussbaum nessa questão da origem de nossos sentimentos de justiça. De todos os livros escritos por Nussbaum, talvez nenhum trabalhe de maneira tão certeira esse ponto como o seu "*Political Emotions*: why love matters for justice", de 2013. Este livro tem o bônus extra, ao discutir a relação entre o amor e a justiça, de levantar a questão do porquê o Brasil ter deixado de fora a palavra "amor" de sua bandeira, quando para Auguste Comte deveria ser "amor, ordem e progresso" o lema de uma bandeira? (esse é o tema de um livro que já tenho escrito, mas que não foi ainda publicado).

Mas voltemos ao ponto. Valores não são um luxo para o capitalismo. Engana-se quem pensa que o capitalismo pode funcionar de maneira estável sem um mínimo de valores. Como Sen enfatiza "o funcionamento eficiente da economia capitalista é, de fato, dependente de sistemas poderosos de valores e normas" (1999, p. 262). O chamado "problema do Adam Smith" que persistiu por algum tempo na literatura da história do pensamento, argumentava que havia uma inconsistência entre o Smith da "Teoria dos Sentimentos Morais" (1759-1790) (que tratava da simpatia, compaixão etc.) e o Smith da "Riqueza das Nações" (1776) (que tratava do auto interesse e da mão invisível).

Essa inconsistência é falsa, pois exatamente o que Smith dizia era que o bom desenvolvimento do mercado (onde impera o auto interesse) precisa de um fundamento sólido em instituições, estruturas legais e ética nos negócios (onde operam outros sentimentos morais), justo o que Sen aborda. Claro que existe no capitalismo a ética extrativa, a exploradora, a de lucros acima do normal etc.. Mas essa não é a ética mais sustentável, nem a mais estável. Há toda uma literatura sobre capital social que fala da importância das relações de reciprocidade, confiança e assim por diante, com foco no crescimento econômico e bom desenvolvimento social.

Conto uma história. Uma das alegrias que tive em Cambridge foi conhecer gente muito bacana que estudou e passou por lá. A lista é imensa. Mas cito dois queridos amigos que tem a ver com essa história: Marco Crocco e Fabiana Santos. Quando eles terminaram seus doutorados, "herdamos" a casa que eles moravam, na Wilberforce Road, um dos endereços mais cobiçados em Cambridge. Quando perguntamos a eles o que tínhamos que fazer para poder alugar a casa, eles apenas nos responderam: "nada, não tem nenhum contrato, apenas envie o cheque com o pagamento por correio para o Mr. Buck ao final do mês. Ele vai ligar, vocês vão ficar uma hora no telefone com ele falando da vida, e é isso". E foi isso. Custo de transação zero. Sem contrato. Sem fiador. Sem depósitos. Sem nada. O "contrato" de aluguel mais eficiente que já tive na vida foi feito porque havia confiança. E essa confiança era reforçada com o desenvolvimento dos laços éticos ao longo dos anos. Um dia o Mr. Buck ficou muito doente. O seu filho decidiu vender a casa e tivemos que sair. Mas a lição ficou.

É disso que Sen está falando. Que o capitalismo precisa de cooperação, precisa de confiança mútua, de leis, de normas e códigos de conduta para funcionar bem. Essas categorias fornecem *estruturas motivacionais* complementares ao auto interesse e à maximização de lucros. Mas é claro: não existe apenas um capitalismo, mas variedades de capitalismo e como tal, distintas sociedades estão organizadas de maneiras diferentes, pelas quais imperam diferentes estruturas motivacionais. Embora Sen não aprofunde sua análise dessas categorias, ele está alinhado inteiramente com esse debate quando examina as variedades de capitalismo, principalmente no Japão. Se bem que ele também discute o caso da máfia.

O que dá um desânimo é ver Sen (1999, p. 267) dizendo há vinte anos que,

> Os maiores desafios que o capitalismo enfrenta agora no mundo contemporâneo incluem questões de desigualdade (especialmente aquela pobreza acachapante em um mundo de prosperidade sem precedentes) e de 'bens públicos' (isto é, bens que as pessoas compartilham juntas, tais como o meio-ambiente).

Parece que evoluímos pouco ou quase nada nesses últimos vinte anos, pois desigualdade e bens públicos continuam sendo mais importantes do que nunca nesse mundo afetado pelo Covid-19.

A questão fundamental a ser respondida trata do desenvolvimento dos valores sociais e do senso de responsabilidade da cidadania. É nesse contexto que Sen reintroduz a distinção entre simpatia e compromisso, tratada originalmente no seu artigo "*Rational Fools*" de 1977, examinada no Quadro 17.

A questão, para Sen, não é sobre o realismo das hipóteses comportamentais na economia, mas sim, sobre o conceito de humano assumido pela teoria e a que tipo de respostas ele leva. Nesse sentido, se pode dizer que o utilitarismo demanda muito pouco, pois exclui muitas fontes de informação, como valores morais, que não estão diretamente relacionadas ao conceito de preferências e também demanda muito, uma vez que junta e combina uma grande variedade de considerações, para as quais muito mais julgamento prático e deliberação seriam necessárias. Há toda uma discussão sobre como lidar com a incomensurabilidades na ética que o utilitarismo coloca para debaixo do tapete com a sua hipótese de *welfarismo*.

Quadro 17 - "Tolos racionais": a diferença entre simpatia e compromisso

Esqueça o conceito de simpatia que você aprendeu com Smith na "Teoria dos Sentimentos Morais" (1976). Para essa distinção entre simpatia e compromisso, Sen introduz um outro conceito de simpatia que significa uma preocupação pelos outros e que afeta diretamente o bem-estar da pessoa que se preocupa. Para ela, se o conhecimento da tortura a faz doente, esse é um caso de simpatia. A simpatia acontece assim quando o bem-estar de uma pessoa está psicologicamente associado ao bem-estar de outra. Por outro lado, se o acontecido não a faz se sentir pior, mas ela pensa que é errado e está preparada a fazer algo para que isso não continue, é um caso de compromisso. O compromisso pode acontecer até mesmo na situação em que uma pessoa escolha uma ação que diminui o seu bem-estar pessoal. De fato, esse é o ângulo que mais interessa a Sen: quando surge uma divergência entre a escolha pessoal e seu bem-estar. Isto porque quase sempre a economia assume que há uma convergência entre escolha e bem-estar pessoal, o que faz com que as análises sejam muito pobres.

Definido assim, simpatia é um comportamento compatível com o egoísmo, porque uma pessoa pode ficar alegre quando os outros estão alegres e triste quando os outros estão tristes. Por outro lado, não tem como uma ação baseada em compromisso ser compatível com o egoísmo. Ela implica uma outra base moral por trás das escolhas das pessoas.

Em sua perspectiva pluralista motivacional, Sen adiciona uma complicação: a existência de simpatia não implica que a ação que ajude aos demais deva ser baseada em simpatia, no sentido de que a ação deixaria de

152

existir caso não existisse essa contrapartida egoísta. Ou seja, tudo vai depender de quais sejam as razões que as pessoas tenham para escolher suas ações. Pode até mesmo haver alguma combinação de razões por meio da qual a pessoa escolha maximizar o seu bem-estar pessoal antecipado, mas sem mudar caso tenha algum aspecto da situação que seja diferente. Nesse sentido, a perspectiva de pensar no compromisso pode ser mais ampla que a perspectiva de simpatia, porque pode acomodar situações, por exemplo, nas quais alguém age baseado em um dever que se violado pode causar remorso, mas mantendo o senso de dever como a razão da escolha.

O conceito de compromisso depende muito da moralidade que uma pessoa tenha e da forma que ela é moldada por questões religiosas e políticas. Isto é fundamental na discussão da política pública e em particular no debate sobre a provisão de bens públicos. Mas não para aí. A questão do compromisso está presente quando se discute incentivos e motivação no trabalho, quando falamos de condicionamento social, de solidariedade, dentre outros. O debate sobre compromisso abre as portas para que Sen trate a questão dos *meta-rankings*, ou seja, de *rankings* morais que ordenem outros *rankings* de outros espaços informacionais. Mas essa já é outra discussão.

Vamos tomar o exemplo dado por Sen. Ele diz que se você ajuda a uma pessoa miserável porque a miséria dela lhe faz infeliz, você está agindo por simpatia. Contudo, se a presença de uma pessoa miserável não lhe faz particularmente infeliz, mas lhe enche de determinação de mudar um sistema que você pensa ser injusto, então você está agindo por compromisso. Assim, respostas baseadas em simpatia não envolvem nenhum sacrifício do seu auto interesse, mas respostas baseadas em compromissos envolvem algum auto sacrifício, dado que a razão para a sua tentativa de ajudar é o seu senso de injustiça e não o seu desejo de evitar o seu sofrimento.

É fácil ver o que Sen está tentando fazer ao introduzir o conceito de compromisso ele pretende ampliar o escopo motivacional da ação dos indivíduos, além daquelas noções vinculadas ao seu próprio bem-estar. Nesse sentido, podemos entender essa distinção como parte de seu pluralismo motivacional. No entanto, ele parece assumir como menor essa noção de simpatia. Se uma pessoa consegue sentir (ou ter alguma ideia) o que outra está sentindo, isso é uma realização humana incrível. Ser capaz de sofrer por outro ser humano que sofre; ser capaz de chorar quando outro chora, é algo grandioso e que de modo algum pode ser vinculado a qualquer noção de auto interesse ou mesmo de egoísmo.

Tenho uma discordância séria com Sen nesse ponto. Isso de modo algum diminui a importância do compromisso, como definido por ele. Quando um indivíduo consegue fazer a coisa certa, independente das consequências que ela tenha sobre o seu bem-estar, não resta dúvida que isso é uma grande demonstração de ser capaz de guiar-se eticamente por leis internas do que é certo ou errado. Mas também não deixo de pensar que há algo que falta em uma pessoa que não sofre, nem um pouco, com os que sofrem, e que age apenas por uma convicção fria de justiça. Sen parece estar se deixando levar aqui pela noção de autonomia kantiana baseada em leis internas que são insensíveis aos imperativos contingentes do mundo. O resultado, no entanto, parece muito limitado.

É verdade que a concretização da justiça demanda alguma imparcialidade ou afastamento da parcialidade do nosso ego. Essa é a mágica feita por Rawls ao combinar "racionalidade" e "razoabilidade" como as duas forças morais mais importantes dos indivíduos. Mas não podemos dissociar nosso sentimento de justiça do afeto que temos, ou não, pelas demais pessoas. Não foi Aristóteles que disse, no livro VIII do seu "Ética a Nicômaco" (2009), que não precisamos de justiça onde exista amor entre as pessoas? (amor no sentido de amizade). Como podemos separar nossos sentimentos de justiça pela maneira pela qual as pessoas formam seus laços afetivos? Acho que aqui Martha Nussbaum (2013) tem muito mais a dizer.

Em resumo, podemos simpatizar (será que devia usar essa palavra aqui? - brincadeira) com a distinção conceitual sugerida por Sen entre simpatia e comprometimento, uma vez que ela é usada para reforçar seu argumento sobre a importância do pluralismo motivacional. No entanto, não posso deixar de notar que ele elabora pouco a noção entre nosso senso de justiça (ou de injustiça) e nossos sentimentos morais, principalmente os mais afetivos.

Temos sempre que lembrar que esse livro foi escrito a partir de uma série de palestras para o pessoal do Banco Mundial e que Sen procura dar razões para pessoas com um certo perfil. Somente assim podemos entender o porquê de ele desenvolver certos tipos de raciocínio, tal como o de que mesmo que uma pessoa não tivesse qualquer razão direta para estar preocupada com justiça e ética, ela poderia ter razões indiretas (ou instrumentais, ou derivadas) vinculadas ao ganho econômico, para apoiar tais preocupações. Para Sen, se juntarmos os dois campos podemos chegar a uma abordagem integrada.

Valores podem assim ser formados de modos diferentes. Para Sen existem quatro contextos principais nos quais eles podem surgir:

1. Escolha com reflexão: valores podem surgir da reflexão e da análise, relacionadas diretamente às nossas preocupações e responsabilidades ou indiretamente de consequências sobre nosso comportamento;

2. Comportamento concordante: valores podem surgir da nossa vontade de seguir convenções, seguindo razões dadas por outras pessoas ou por coletivos;

3. Discussão pública: valores podem surgir da discussão pública, dentro de um contexto democrático que os levem a mudar como parte do processo de tomada de decisão;

4. Seleção evolutiva: valores podem surgir da seleção evolutiva, em parte por conta de suas consequências.

Esses são os contextos gerais. Mas quais seriam as principais razões para que gestores de políticas públicas tivessem algum interesse em valores de justiça social? A primeira, e a mais evidente delas, é que os objetivos de políticas públicas deveriam ser norteados pelo conceito de justiça. Isso impacta também no modo pelo qual os processos ou os instrumentos para as políticas públicas devem ser constituídos e usados, dados esses objetivos ou fins das ações públicas. A segunda razão é que os processos e resultados das políticas públicas dependem, em grande parte, de como as pessoas se comportam, dados os seus valores. Não se trata, portanto, apenas de uma questão de seleção de prioridades para as políticas públicas, mas de entendimento dos valores do público, incluindo seu senso de justiça. Esse é o caso da corrupção, uma verdadeira praga nos países em desenvolvimento e que conhecemos tão bem no Brasil.

A noção de auto interesse tem pouco a contribuir com a questão da corrupção, em termos gerais. Não podemos erradicar a corrupção estimulando que as pessoas tenham mais auto interesse. Isso simplesmente não faz sentido. Por outro lado, não podemos reduzir a corrupção pedindo que as pessoas diminuam o seu auto interesse de modo geral, pois seria algo muito abstrato. Sen acredita, no entanto, que é possível pensar em reformas organizacionais que promovam uma mudança nos incentivos que as pessoas têm para considerar a corrupção uma alternativa desejável. Não se trata aqui apenas de incentivos financeiros, mas de outros incentivos relacionados aos valores das pessoas.

Uma complicação é que muitas vezes as maneiras que as pessoas se comportam dependem de como elas percebem o comportamento de outras. Ou seja, comportamentos e valores dependem de estratégias e de percepções relativas ao que as outras pessoas fazem, configurando verdadeiros círculos virtuosos e viciosos.

Sen conclui essa discussão fazendo uma forte defesa da importância dos valores na configuração do comportamento das pessoas. Mas procura descaracterizar uma possível batalha entre hipóteses comportamentais. Ao invés, Sen propõe que há um meio caminho entre o que ele chama de "sentimentalidade elevada" (*high-minded sentimentality*) e "sentimentalidade vulgar" (*low-minded sentimentality*). Qual o resultado de tudo isso? Que os valores não podem ser deixados de lado. Políticas públicas, não apenas no seu desenho, mas na sua implementação, são permeadas por distintos valores, que precisam ser discutidos e examinados. De fato, como Sen destaca a "formação de valores é um processo social envolvendo interações públicas" (1999, p. 280). Para tal, necessitamos de uma imprensa livre e com liberdade para exercer as críticas que julgar necessárias.

Não tenho dúvidas que esse capítulo do DL é um dos mais importantes do livro. Não pelo que diz sobre escolha social, que acredito que Sen deixa muito a dever. Mas pela discussão de como valores são importantes para a política pública, pois se no final estamos falando em liberdade, é inevitável perguntar, "liberdade *de* quê e liberdade *para* quê?".

Infelizmente Sen não discute nenhuma narrativa de valores associada a sentimentos, como o faz Nussbaum (2013). Mas ele aponta na direção do pluralismo motivacional e isso deve ser suficiente para que entendamos que o homem econômico não é apenas uma abstração anacrônica, mas desnecessária.

CAPÍTULO 12

LIBERDADE, RESPONSABILIDADE E AS 10 MÁXIMAS DE SEN

Sen é um otimista. Para ele, todos nós temos o potencial de reconhecer que muitos dos problemas do mundo são, em um sentido amplo, nossos problemas, e como tal é natural que reconheçamos nossas responsabilidades. Ele entende também que a questão da responsabilidade individual é uma questão normativa quando afirma que as pessoas devem ter responsabilidade pelo mundo em que vivem. Vale à pena citar as palavras de Sen (1999, p. 283) sobre essa questão da responsabilidade,

> Como criaturas reflexivas temos a habilidade de contemplar as vidas dos outros. O nosso sentido de responsabilidade não precisa estar relacionado somente às aflições que o nosso próprio comportamento pode ter causado (embora isso possa também ser muito importante), mas pode estar relacionada de modo mais geral às misérias que nos cercam e que estão dentro de nosso poder ajudar a remediar.

Ele não demanda que essa responsabilidade sobre os demais seja a única responsabilidade exercida, nem que tenha nenhum caráter decisivo, apenas que não seja de todo ignorada dada sua relevância. Como tal, essa responsabilidade materializa um reconhecimento de nossa humanidade, comum em nossas escolhas.

Por outro lado, Sen reconhece que a responsabilidade social não pode substituir a responsabilidade individual, pois isso levaria a uma erosão da autonomia do indivíduo ajudado. São muitas as circunstâncias que definem o exercício de nossas responsabilidades como pessoais, sociais e ambientais.

Condições de privação podem afetar não apenas o bem-estar das pessoas, mas também o exercício de suas responsabilidades. Por isso, Sen afirma que "Responsabilidade requer liberdade" (1999, p. 284). Ele não deixa claro nenhuma sequência lógica na relação entre responsabilidade e liberdade. Pelo contrário, ao afirmar que o elo entre liberdade e responsabilidade é simultâneo, não fica claro como sua implementação poderia ser feita.

O que parece mais lógico supor, entretanto, é que a responsabilidade social deve apoiar a promoção de liberdades substantivas para as pessoas, de modo que essas possam exercer suas responsabilidades individuais e sociais. Isto porque sem as liberdades substantivas nenhuma pessoa pode ser considerada responsável por algo. Sim, isso mesmo, sem liberdades substantivas nenhuma pessoa pode ser considerada responsável por algo. Sen diz isso na página 284 (1999).

De fato, essa é uma das máximas do estudo da ética, que sem liberdade é difícil atribuir qualquer escolha e, portanto, responsabilidade às pessoas. No entanto, essa máxima é pouco levada a sério em partes do livro que praticamente assumem a existência de liberdades substantivas. Esse é um ponto muito interessante para discussão e que enfatiza questões de implementação mais do que de desenho da política pública, pois no papel todos têm todas as liberdades instrumentais e substantivas. Na prática, tudo é mais difícil.

Um esclarecimento importante: quando Sen trata da promoção das liberdades substantivas ele não assume que isso é somente responsabilidade do Estado, mas também de todas organizações políticas, sociais, comunitárias e de agências de todos os tipos, incluindo a mídia e outros tipos responsáveis pela formação da razão pública. Por isso, ele acredita que seu argumento pró-promoção de liberdades não cai na rede daqueles que criticam o "Estado babá" (*nanny state*).

Não resta dúvida de que esta é uma discussão muito relevante, mas Sen coloca para debaixo do tapete toda a questão da assimetria de liberdades substantivas que pode fazer com que pessoas tenham responsabilidades social assimétricas. Em outras palavras, desigualdade de poder e de liberdades substantivas gera assimetria de responsabilidades. Ou seja, algumas pessoas são mais responsáveis pela situação social do que outras. Mas Sen prefere não entrar em nenhuma discussão mais específica sobre os "ricos" e suas responsabilidades. Coloco ricos entre aspas, pois não se trata apenas de uma questão de dinheiro, mas sim de poder e de responsabilidade social. Adiciono somente que é uma pena que o Sen nunca tenha interagido com o trabalho da pesquisadora brasileira, Elisa Reis, que examina a visão das elites sobre a pobreza e a desigualdade. Deixo aqui uma recomendação: vale a pena ler o livro que Elisa Reis e Mick Moore editaram em 2005 sobre "Elite Perceptions of Poverty and Inequality". Foi pela ZED books, mas o pdf está disponível sem custo online para baixar. Bom, voltando ao Sen, destaco em forma de "máximas" os conceitos-chave discutidos por ele no DL, apresentados no Quadro 18.

Quadro 18 - O Resumo final: as 10 máximas de Sen

Máxima 1: vantagens individuais e realizações sociais devem ser avaliadas prioritariamente pelas *liberdades substantivas* que contemplam; tudo se trata das capacitações que temos para levar o tipo de vida que temos razões para valorar;

Máxima 2: as liberdades podem ser de vários tipos e devem ser vistas segundo os seus *aspectos de oportunidade* (centradas naquelas oportunidades valoradas pelas pessoas) e seus *aspectos de processo* (como participação em escolhas políticas);

Máxima 3: sua abordagem focada na liberdade tenta resolver as tensões entre eficiência e igualdade, mas não a partir de nenhuma fórmula específica. O importante é contemplar não apenas considerações agregativas, mas distributivas na avaliação do desenvolvimento;

Máxima 4: cabe à escolha social e a democracia, movidas por processos participativos, definirem as prioridades sociais;

Máxima 5: focar nas injustiças é a maneira mais fácil de fazer valer a justiça, pois é aqui que o acordo argumentado pode ser possível, por ser mais fácil de chegar;

Máxima 6: o reconhecimento das injustiças depende da prática do debate público e da análise das possibilidades;

Máxima 7: direitos civis básicos e liberdades políticas são indispensáveis para a configuração de valores sociais importantes; de fato são constitutivos do processo de desenvolvimento;

Máxima 8: a abordagem que ele propõe para a justiça e para o desenvolvimento, centrada nas liberdades substantivas, foca na autonomia e no julgamento prático dos indivíduos, por isso a responsabilidade das pessoas tem que ser parte dessa equação;

Máxima 9: há um claro elo entre a natureza dos arranjos sociais, as capacitações que uma pessoa tem e suas responsabilidades individuais;

Máxima 10: o empoderamento das mulheres é crucial ao desenvolvimento humano.

Essas máximas são autoexplicativas e oferecem apenas um resumo dos tópicos discutidos anteriormente. Elas são apresentadas na ordem introduzida por Sen e não revelam nenhuma prioridade lógica, mas sim de exposição dos temas. O formato de abordagem escolhido por Sen funciona através de conjuntos de princípios que podem ou não ser aplicados por quem os utiliza, de acordo com suas conveniências ou julgamento prático.

Fica assim embutida uma ideia aristotélica de razão prática na operacionalização da abordagem. Mas isso no plano teórico, pois no plano prático seria muito difícil alguém justificar o uso da abordagem das capacitações onde, por exemplo, a autonomia dos indivíduos não fosse respeitada ou onde não fizesse nenhuma diferença o que acontece com o empoderamento das mulheres. Igualmente, seria muito estranho um uso da abordagem por regimes políticos onde não houvesse liberdades mínimas para as pessoas.

Conto uma história. Em 2008 a conferência da *Human Development and Capability Association* foi em Nova Delhi, na Índia. Tive o prazer, durante o primeiro almoço, no qual todos faziam fila para pegar a comida (e depois pegavam o seu prato e comiam de pé mesmo) de conhecer a famosa economista indiana Bina Agarwal. O que era a comida? Arroz e um *curry* de frango. Existiam várias versões de acordo com o nível de pimenta e eu naturalmente pedi o que tivesse menos pimenta. Sobre o que conversei com a professora Agarwal? Sobre preferências adaptativas e o quanto podíamos considerar a visão das pessoas quando elas viviam em situações de privação. Para ela, essa perspectiva de Sen e de Nussbaum é totalmente equivocada, pois sua visão é de que mesmo as pessoas mais pobres, em particular as mulheres, sabem muito bem de suas demandas e não deveriam tê-las descontadas em função de argumentos teóricos. Ela me contou algumas histórias, que de fato eram muito tristes, de pessoas passando por muitas privações e acho que atribuiu a sua narrativa alguma lágrima que viu rolar do meu rosto. No entanto, mesmo o *curry* que tinha pouca pimenta, tinha muitíssima pimenta. Bom, voltando ao ponto principal: esse debate sobre a relação entre liberdades, voz e responsabilidades não é trivial. Muitos dos *mantras* da abordagem das capacitações podem ser testados empiricamente e não deveriam ser tomados como sacrossantos.

Chegando ao final dessa discussão, Sen enfatiza, para o caso de alguém que ainda não tivesse percebido, a importância da influência de Aristóteles "cujas ideias estão obviamente entre as fontes nas quais a presente análise se baseia" (1999, p.289). Se a riqueza não é um fim nela mesma, a liberdade tem um papel intrínseco essencial para o desenvolvimento.

Claro que existem questões importantes entre a existência e o uso da liberdade. Para demonstrar essas diferenças, Sen comenta a distinção entre capital humano e capacitações humanas, que incluem não somente o valor das qualidades humanas transformadas em capital para a produção, mas para o desenvolvimento de suas liberdades substantivas.

Fica evidente que Sen busca um modelo mais geral, um modelo integrado, que incorpore não somente uma união entre liberdades instrumentais e substantivas, mas que inclua também racionalidades instrumentais e normativas (ou axiológicas) sobre os valores que devem nortear uma sociedade.

Desse modo, não se trata apenas de um maior escopo que ele dá às capacitações humanas, devido a sua relevância direta no bem estar e nas liberdades das pessoas, e indiretas através da mudança social e da produção econômica (parece que ele está usando o IDH para estruturar o seu argumento), mas da expressão da vontade humana através da definição de suas prioridades individuais e sociais.

CAPÍTULO 13

OPERACIONALIZANDO A ABORDAGEM DAS CAPACITAÇÕES

Na primeira conferência que organizei com Sen como palestrante principal, ainda em 2001, a questão acerca dos desafios da operacionalização da abordagem das capacitações foi a mais discutida. Uma coisa que ficou clara é que existem várias formas pelas quais uma teoria pode ser operacionalizada e que é um erro assumir que a operacionalização de uma teoria, ou abordagem, tenha que se dar exclusivamente pela quantificação de suas variáveis. Por isso, é importante que reconheçamos que uma perspectiva ampla de operacionalização envolveria alguns desses seguintes elementos:

i) Esclarecimento de conceitos;

ii) Discussão de casos com *insights* importantes;

iii) Especificação de espaços informacionais e de dimensões que podem ser escolhidas como objeto de atenção da análise;

iv) Escolha das escalas nas quais as diferentes dimensões e correspondentes variáveis podem ser avaliadas;

v) Análise dos resultados, incluindo o modo pelo qual eles são apresentados.

Nesse sentido, apesar de todos os progressos feitos, muito mais ainda necessita ser realizado para operacionalizar a abordagem das capacitações. O maior problema que a abordagem encontra é que o seu conceito principal, o de capacitações, reflete um potencial, uma escolha, uma possibilidade e como tal, pode, ou não, acontecer.

Em outras palavras, é um conceito contra factual (não que seja contrário ao fato, e que o negue, mas sim que faça referência a algo que é latente). Essa característica tem sido bem explorada por alguns econometristas, dentre eles, Jaya Krishnakumar e Ricardo Nogales (2018). No entanto, chegam a um contra factual que não necessariamente reflete o poder da autonomia e da escolha dos indivíduos e por consequência nem sempre dão conta da estrutura ética que Sen levanta em seus trabalhos e que é a razão de existir de um conceito como esse de capacitações.

De modo geral, podemos dizer que a operacionalização consiste em transformar objetos de valor teórico em objetos de valor prático, seja por aplicações teóricas, aplicações metodológicas, estudos de caso, estudos estatísticos empíricos ou mesmo análises etnográficas (respeitadas as particularidades de cada tipo de estudo). Isto não elimina os maiores desafios de mensuração, que, portanto, merecem nossa atenção. Neles se revelam, muitas vezes, as características que são importantes aos valores subjacentes de determinada avaliação.

Não devemos temer a mensuração e a quantificação de variáveis. Elas estão presentes no nosso cotidiano, quando nos referimos a algo "melhor", "pior" ou a uma situação com "mais" ou com "menos" de alguma coisa. Não poderíamos tratar a evolução das democracias, ou mesmo das economias, se não tivéssemos acesso às referências que, de algum modo, nos ajudam a definir prioridades e a busca por soluções. Podemos, no entanto, ir além disso e afirmar que a mensuração, apesar de não ser a única forma na qual se pode operacionalizar essa abordagem, compreende um passo necessário para que se torne uma abordagem de desenvolvimento mais usada.

Além da questão da natureza contra factual do principal conceito utilizado pela abordagem devemos encarar a dificuldade adicional de que a abordagem é contra uma receita pronta, uma mecânica de articulação entre diferentes espaços informacionais, por meio da qual houvesse um protocolo ou procedimento de operacionalização ou de mensuração. A abordagem é dada por um conjunto de princípios e como tal não oferece respostas para todas as questões, até mesmo porque a sua fundamentação Aristotélica a impede de ignorar as particularidades dos contextos e dos casos dentro dos quais é ou pode ser aplicada.

Isso acontece porque é difícil construir um algoritmo que incorpore valores que ainda não são conhecidos. Uma alternativa a isso seria construir o algoritmo com os valores do pesquisador, ou do formulador de determinada política pública. Por isso é importante separar:

i) Quais princípios da abordagem das capacitações serão utilizados para a escolha do marco avaliativo em questão?

ii) Quais procedimentos e técnicas são os mais apropriados?

iii) Quais critérios de mensuração devem ser usados?

É evidente que a mensuração de capacitações deve ser informada e compatível com os princípios da própria abordagem. Mas é importante lembrar que a abordagem não é uma teoria, no sentido de que ela não traz uma visão substantiva sobre aqueles assuntos que ela trata. Tampouco ela não fornece uma única visão paradigmática sobre determinado assunto. A principal função da abordagem é a ampliação dos espaços informacionais nas avaliações normativas.

Mas isso não é suficiente, pois a abordagem depende também de que as escolhas dos espaços informacionais e de seus respectivos parâmetros normativos sejam balizadas pela discussão pública argumentada. O exercício avaliativo que está na raiz da abordagem possui diferentes níveis de complexidade, como ilustrado na Figura 16.

Figura 16 - Níveis de complexidade na mensuração de capacitações

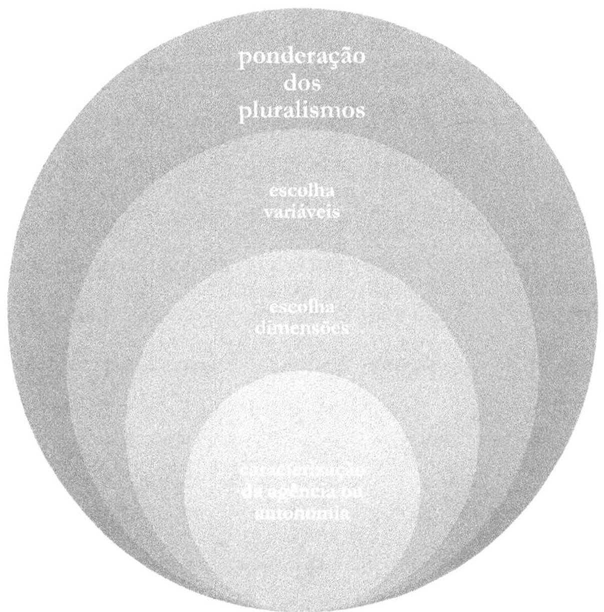

Pluralismo informacional sem a inclusão do aspecto de agência adianta de muito pouco, uma vez que na raiz desse conceito está a caracterização dos seres humanos como capazes de ações autônomas. Não podemos tratar capacitações como se fossem meros "vetores de vetores" de funcionamentos[3], pois estes devem refletir em vários graus as liberdades que as pessoas têm de viver de modo que seja importante para elas.

Em outras palavras, de nada serviria se esses espaços informacionais fossem ampliados, mas deixássemos de ver que o envolvimento ativo das pessoas para comandar o próprio destino é a essência do desenvolvimento humano. Poderíamos ter uma expansão de capacitações que não fossem importantes para as pessoas. Por isso, sempre que falamos em uma expansão das capacitações devemos

---

[3] Substitua a palavra vetor por "listas" se a frase "Não podemos tratar capacitações como se fossem meros "vetores de vetores" de funcionamentos" não estiver muito clara.

contabilizar apenas aquelas que as pessoas têm razão para dar valor. Consequentemente, estas é que devem ser o foco do processo de mensuração.

O pluralismo informacional leva à multidimensionalidade. Isso quer dizer que a multidimensionalidade não deve ser tratada como um *a priori*, um "é bom porque sim", mas que deve ser justificada de acordo com o grau de incomensurabilidade das dimensões ou variáveis que tentam ser agregadas. Explico: a ideia de comensurabilidade propõe que possamos tratar uma dimensão ou variável em termos de outra, ou seja, que haja uma unidade de comparação.

No entanto, muitas vezes comparamos coisas que são incomparáveis e a dificuldade de nossos julgamentos normativos advém precisamente do fato de que temos que tomar decisões perante esses elementos não comparáveis. De fato, sempre que tratamos de *trade-offs*, conflitos e inconsistências, lidamos com elementos mais ou menos incomparáveis, embora o utilitarismo tenha trivializado esse exercício ético e assumido que podemos combinar tudo "na mesma massa do bolo". Nesse contexto, a multidimensionalidade surge porque não podemos reduzir uma dimensão a outra.

Conjuntos capacitários podem ser pluralistas também. Em princípio, se poderia pensar que eles poderiam ser avaliados de forma mais mecânica, como:

i)   Pelo valor do seu elemento de maior valor;

ii) Pela quantidade de elementos que o conjunto possui;

iii) Pela combinação entre o elemento de maior valor e o número de elementos do conjunto;

iv) Pela opção que foi a última a ser escolhida;

v)   Por alguma definição *a priori* de um conjunto de capacitações básicas.

Todas são ótimas sugestões. Mas todas têm algum problema. Por exemplo, alternativas que destacam apenas um elemento escolhido poderiam dar uma boa indicação de funcionamentos, mas não de capacitações, sem falar que seriam contingentes a existência de dados disponíveis e observáveis. Similarmente, seria possível aumentar a quantidade de elementos que um conjunto possui a partir de alternativas triviais, ou mesmo negativas, de tal forma que o tamanho do conjunto por si mesmo não indique nada.

Por outro lado, medidas de contra factuais sempre têm o problema de geração de indicadores empíricos. Em resumo, não há garantia de que nenhuma dessas medidas atenda aos requisitos necessários para a mensuração de capacitações. Parece assim essencial reconhecer que o julgamento e a discriminação são essenciais à abordagem de Sen, e que por essa razão se deve evitar qualquer especificação *a priori* de capacitações. Isso não significa, contudo que não possam haver exceções como é o caso do IDH, ou de capacitações básicas vinculadas a pobreza extrema, onde não é necessário discutir o óbvio. Há uma clara diferença de estratégia aqui entre Sen e Nussbaum. Enquanto Sen enfatiza mais a necessidade de julgamento e deliberação através de processos de razão publica, Nussbaum destaca a importância de uma lista substantiva como base para uma discussão pública.

Entretanto, na prática, não devemos esperar grandes discrepâncias entre as duas abordagens, uma vez que elas olham para o espaço das capacitações dentro de uma perspectiva pluralista. Não devemos esquecer que Nussbaum (2013) fala da *realização múltipla* dos elementos de suas listas, ou seja, de que esses podem ser especificados concretamente de acordo com crenças e circunstâncias locais. Assim, para Nussbaum, diferentemente de Sen, a mensuração das capacitações centrais seguiria um processo constituído por duas partes: primeiro, com a definição de uma lista de capacitações humanas centrais, se escolheria quais seriam as capacitações relevantes para a avaliação em questão e; segundo, com o princípio da realização múltipla, se poderia especificar de modo mais concreto quais seriam as capacitações dentro do contexto histórico particular da sociedade em questão.

Mesmo dentro do proposto por Nussbaum é fundamental que discutamos processos. Muitos comentadores (prefiro não citar nomes aqui para não fazer inimigos!) não entenderam esse aspecto do trabalho da Nussbaum e seguiram (e seguem) discutindo a questão das suas listas. Nussbaum não afirma que devemos ter uma única e definitiva lista de capacitações, no entanto, argumenta que as listas constituem uma visão sobre o que é uma vida com dignidade. Sen, pelo seu lado, prefere concentrar esforços na importância da discussão pública e deliberação democrática na seleção, priorização e especificação de capacitações.

Na vida real, sabemos que nem mesmo todas as capacitações básicas podem ser realizadas para todas as pessoas no mundo. A definição de prioridades e a busca por estratégias diferentes é essencial para uma boa gestão da política pública. Infelizmente, a abordagem das capacitações de Sen não elabora muito esse processo de formação de prioridades.

De certa parte é compreensível, pois Sen compra outras batalhas que estão longe de serem vitoriosas no debate sobre desenvolvimento, como a questão do pluralismo informacional, deixando para o conceito Rawlsiano de razão pública o trabalho de definição de prioridades. Em termos operacionais, muito depende, entretanto, da questão da diversidade humana, que move diferentes prioridades, assim como das diferentes condições para a sua realização. Podemos dizer de modo mais direto que a condição de diversidade humana assumida pela abordagem das capacitações influencia:

i) A extensão das taxas de conversão dos recursos em funcionamentos e capacitações;

ii) A natureza dos parâmetros (individuais ou de grupo) das taxas de conversão.

Tem um ótimo texto da Enrica Chiappero, Paola Salardi e Francesco Scervini (2018) sobre a mensuração das taxas de conversão que introduz uma série de distinções muito importantes, constantemente ignoradas na literatura entre *fatores de conversão*, *processos de conversão* e *taxas de conversão* de recursos em funcionamentos. Eles propõem que processos de conversão podem ser vistos como uma função de produção de funcionamentos onde os recursos disponíveis aos indivíduos seriam os insumos e as realizações individuais seriam o produto. Dentro dessa proposta, o que determinaria a forma e as características dessa função seria obviamente os fatores de conversão. Por sua vez os fatores de conversão são aquelas características internas e externas que afetam o modo pelo qual os recursos são convertidos em funcionamentos.

De que estamos falando? De características pessoais como gênero, idade, raça etc. (como discutido nos capítulos iniciais desse livro). O interessante é explorar como os diferentes fatores de conversão interagem entre si e como definem diferentes taxas de conversão. Repetindo: *fatores de conversão* tratam daquelas características individuais, sociais e mesmo ambientais que afetam a produção de funcionamentos diferentes, enquanto *processos de conversão* explicam como esses fatores são combinados e as *taxas de conversão*, por sua vez, capturam como fatores de conversão afetam o processo de conversão de recursos em funcionamentos.

Se quisermos levar a abordagem ao limite, podemos tomar a diversidade humana não como um axioma, mas como uma hipótese que pode ser empiricamente testada. Isso não deve gerar uma hipótese do tipo "válida ou não-valida", dada a sua pluralidade, o mais provável é encontrarmos alguns elementos que sejam mais aplicáveis do que outros dependendo do contexto.

Sen (1992b, p. 117) parece oferecer apoio a essa sugestão quando ele afirma que,

> Existem diversidades de muitos tipos diferentes. Não é
> ilógico pensar que se nós tentarmos levar em conta todas
> as diversidades, poderíamos terminar em uma confusão
> empírica completa. As demandas da prática, bem como
> compromissos normativos razoáveis, indicam
> discricionariedade e sugerem que desconsideremos
> algumas diversidades enquanto concentremos naquelas
> que são mais importantes.

O pluralismo informacional deve garantir que não terminemos um exercício avaliativo com medidas que sejam puramente subjetivas. De fato, a objetividade é uma característica importante das capacitações. A razão principal é que, sendo assim, elas se tornam comparáveis entre si e importantes problemas intersubjetivos podem ser examinados. De outro modo, cairíamos no mundo das preferências adaptativas, como já discutimos antes. Mais do que isso, podemos estar em um mundo onde não podemos comparar as preferências das pessoas e o único que nos reste seja assumir critérios de melhoria de Pareto, onde melhoramos a situação de alguém sem piorar a de ninguém. Isso limita muito a classe de avaliações que podemos fazer. Mas objetividade não quer dizer invariância, como bem explica Sen. A mesma capacitação pode variar na sua especificação ou na sua avaliação entre sociedades, mas ser percebida, da perspectiva do analista, como uma realidade objetiva.

Mesmo assim, é comum vermos muita gente dizendo que está operacionalizando a abordagem das capacitações usando variáveis inteiramente subjetivas. Um dos melhores textos da área é o feito por Anand, Hunter, Carter, Dowding, Guala e Van Hees (2009). O texto apresenta pouco ou quase nada de conteúdo de capacitações, estritamente falando, mas é um belo exemplo do uso de informação subjetiva dentro de uma pele de capacitações. Dada a popularidade das investigações empíricas baseadas em avaliações subjetivas, é difícil ver como a abordagem das capacitações pode evitar de todo o problema das preferências adaptativas. Na prática, contudo, se pode tentar verificar a informação subjetiva junto com técnicas de triangulação e questões de validação para checar a validade da informação subjetiva.

Elster (1982) sugere que a formação de preferências adaptativas pode ser caracterizada tanto externamente, quanto internamente. Do ponto de vista externo ela pode ser caracterizada por:

> i) Reversibilidade, distinguindo entre mudanças que podem ocorrer através de preferência e aprendizado daquelas que podem resultar de processos de habituação e resignação;
>
> ii) Endogeneidade, no sentido que algumas preferências são uma consequência mais do que uma causa desses processos;
>
> iii) Causalidade, enfatizando o papel do planejamento de caráter e diferente de uma manipulação deliberada dos gostos por outras pessoas;
>
> iv) Avaliação, olhando para os processos nos quais os indivíduos formam as suas preferências;
>
> v) Características consequenciais dos professos de formação de preferência, ao invés de simplesmente uma descrição das percepções dos indivíduos.

Assim, quando a mudança é induzida pelo conhecimento e pelo aprendizado, ela não deve se qualificar como adaptativa. Por outro lado, quando é devida a processos de habituação e resignação, então, é tipicamente um caso de preferências adaptativas. É interessante notar que a característica chave aqui é o conceito de irreversibilidade, pois para Elster (1982), mudanças de habituação e resignação envolvem processos que são em princípio reversíveis.

Isso quer dizer que para termos uma melhor apreciação desses processos precisamos olhar para suas histórias. Outras maneiras de lidar com esse problema, sugeridas por Sen e por Nussbaum, parecem ser mais gerais, tais como a participação pública e o diálogo ou processos de conscientização. O fato é que características posicionais afetam os valores e as escolhas das pessoas. Isso faz com que a mensuração de capacitações se torne uma questão de especificações paramétricas de acordo com:

i) Tendências mentais especiais;
ii) Tipos particulares de inexperiência;
iii) Características restritas de raciocínio.

Kahneman (2012) apresenta uma lista muito interessante de heurísticas que sempre devem ser consideradas ao contemplarmos como trabalhar com variáveis subjetivas no contexto das preferências adaptativas. Estas mostram como existem atalhos mentais que as pessoas usam e que podem distorcer suas avaliações das situações que enfrentam. A Tabela 7 oferece uma lista dessas heurísticas como uma ilustração da riqueza de possibilidades oferecidas por esses atalhos.

Tabela 7 - Heurísticas

Heurística	Significado
Heurística de substituição	Quando a pessoa é confrontada com uma questão difícil, ao invés de tentar responder à questão, muda o foco da análise e tenta responder uma questão mais fácil.
Heurística de ativação associativa	A conjunção simples de duas palavras estabelece uma associação de ideias.
Heurística antecedente (*priming*)	Algumas palavras, ações ou emoções que vem primeiro à mente influenciam na interpretação que os indivíduos fazem de eventos futuros, sem eles estarem conscientes.
Heurística de familiaridade	A impressão de familiaridade dá aos indivíduos uma impressão de verdade, a repetição induz ao chamado *cognitive easing*, ou seja, a facilitação daquele conhecimento.
Heurística de confirmação	As pessoas buscam a informação que é compatível com suas crenças.

Heurística da auréola	As pessoas tendem a gostar, ou não, de tudo que faça referência a algo ou alguém.
Heurística do afeto	Os gostos e desgostos das pessoas determinam suas crenças sobre o mundo.
Heurística de estereótipos	Os custos de prestar atenção às realidades individuais podem ser tão altos que os indivíduos constroem seu raciocínio ao redor de estereótipos (que são mais fáceis de serem ajustados em uma história causal).
Heurística de possibilidade	As pessoas prestam mais atenção aos elementos que elas se preocupam mais (emocionalmente).

Uma maneira de ver como essas heurísticas funcionam é pensar em como elas são usadas para falar de política. Experimente voltar a essa tabela colocando como exemplo heurísticas feitas para criticar políticos de sua preferência. Fica fácil de ver como elas funcionam, não? O mundo da subjetividade é um mundão. Não temos como entrar nele aqui. Eu tive o privilégio de organizar duas conferências (uma em Cambridge e outra em Milão, com os queridos Luigino Bruni e Maurizio Pugno) sobre "Felicidade" e não há como repetir essa discussão, além de sugerir o livro que coeditamos (Bruni et al., 2008) como uma possível referência da interface entre capacitações e bem-estar subjetivo.

Para terminar essa discussão sobre a operacionalização e a mensuração de capacitações, quero voltar à característica que torna mais difícil a implementação dessa abordagem, que é a sua natureza contra factual, como já antecipei. O problema não é que a noção de contra factual contraste com aquilo que é observado, mas sim, que trate do que seria observado se alguma coisa mais fosse diferente.

Devemos considerar que as capacitações constituem uma expressão do grau de liberdade, de oportunidades e de escolhas abertas aos indivíduos na escolha de seus destinos. O problema não é que tenhamos que esperar pela concretização ou manifestação das escolhas. O problema é que queremos capturar essa noção de potencial, de transformação latente, que o conceito contempla. Um resultado disso é que não adianta observar os fatos para derivar uma noção de capacitação. O ponto todo é sermos capazes de inferir o grau de liberdade que as pessoas têm, ou não, dentro de determinadas configurações de fatos, o que é bem mais complicado. Para não falar da complicação que uma capacitação pode ser ou não exercida. Encontramos uma resposta de Sen (1992b, p. 66, para essa questão do contra factual que vale a pena citar por completo):

> Enquanto isso pode parecer adicionar a já pesada demanda informacional para a análise das liberdades, não precisamos, de fato, tornar os problemas práticos de tais análises mais intratáveis. Algumas vezes a natureza das escolhas contra-factuais são muito fáceis de adivinhar, como por exemplo, quando as pessoas escolheriam evitar epidemias, pragas, fome generalizada ou crônica. A eliminação dessas coisas que não são amadas através da política pública, visando a dar as pessoas o que elas gostariam, pode ser vista como uma melhoria da liberdade real das pessoas. Nesse sentido, até mesmo simples observações de estados realizados podem ter relevância direta à análise das liberdades desfrutadas.

Mas se isso é mesmo o caso, parece que estamos construindo um canhão para matar um passarinho. Ou seja, se os objetivos da política pública são em termos práticos, "algumas vezes", tão fáceis e triviais de escolher pela sua obviedade, por quê tanta ênfase na agência das pessoas? E se essas escolhas não forem assim tão "fáceis de adivinhar", como supõe Sen?

Conto uma história. Lá por 2004, o PNUD do México me convidou para dar uma palestra sobre a abordagem das capacitações. No final da palestra chegou um gestor de políticas de uma localidade próxima a Cidade do México e me colocou a seguinte questão: "professor, entendi esse conceito da agência para o Sen, mas há alguma possibilidade de ele estar errado nessa questão? Nossa cidade sofre muito com a falta de água potável e nos parece óbvia a necessidade de resolver esse problema. Mas como tínhamos pessoas na equipe que rezavam pela cartilha do desenvolvimento humano resolvemos fazer uma consulta popular na nossa cidade para decidir como iríamos distribuir o nosso orçamento. *Sin embargo*, as pessoas escolheram, para nossa grande surpresa, usar o dinheiro para construir uma igreja. Mas elas não precisam de igreja! Elas precisam de água limpa! Temos uma alta mortalidade infantil pela falta de água e muitos problemas de saúde de nossa população devidos à má qualidade de nossa água. O Sen não está errado?", disse ele.

A verdade é que eu nunca superei essa pergunta. Mas vou contar o que eu respondi. Eu disse: "para poder julgar temos que estar cientes do significado que essa igreja pode ter para as pessoas; pode ser que a igreja represente um sentido de coletividade e pertencimento que seja muito necessário para as pessoas; pode ser que a igreja dê uma esperança em uma vida melhor ou forneça mecanismos para lidar com a vida atual" (enquanto eu respondia eu pensava, "comida é pasto, bebida é água, você tem fome de quê?", para os mais jovens recomendo que escutem os Titãs!).

Mas a verdade, como eu disse, é que eu nunca superei essa pergunta. E se levarmos a sério o que Sen disse anteriormente sobre as pré-condições necessárias para que as pessoas possam ser livres – e iguais, como diria Rawls - então a situação fica ainda mais complicada e essa saída pela tangente do Sen não é muito satisfatória. Isso não quer dizer que não faça sentido concentrarmos nossa atenção normativa (e as políticas públicas) nas injustiças e nas situações extremas, onde podemos mais facilmente concordar sobre o que fazer. Mas também não podemos fazer como na velha piada do economista buscando suas chaves.

Para quem nunca escutou essa piada, conto aqui. É meio sem graça. "Um policial vê um economista procurando por alguma coisa abaixo de um poste de luz e pergunta o que ele perdeu. O economista responde que perdeu suas chaves e ambos procuram por um bom tempo a chave embaixo do poste de luz. Depois de uns bons minutos, o policial pergunta se o economista tem certeza se ele de fato perdeu as chaves lá, uma vez que parece que não há nada, e o economista responde: "não, de fato eu perdi as chaves no parque". O policial então fica embasbacado e pergunta: "mas se você perdeu as chaves no parque, por quê está buscando-as aqui?". O economista então explica: "é porque somente aqui tem luz"." A piada original não era obviamente essa, mas sim com uma pessoa bêbada. Remonta ao menos aos anos da década de 1920 e deu origem ao chamado *efeito da luz da rua* (ou de modo mais sintético, *streetlight effect*). Como tal, é muito similar à heurística da substituição discutida por Kahneman (2012). Tendo dito tudo isto, não podemos perder de vista o ponto principal desse argumento, qual seja, de que não podemos simplesmente ir pelo caminho mais fácil quando existem questões complicadas a serem enfrentadas. Algumas más línguas dirão que estou acusando o Sen aqui de ser o economista da piada. Bom, só um pouco... .

Para concluir, gostaria de enfatizar que o desafio da operacionalização e da mensuração de capacitações é real e que as dificuldades que discutimos em relação a aplicação da abordagem das capacitações não podem ser facilmente desprezadas ou ignoradas. Não resta dúvida que a abordagem já se provou como um corpo conceitual capaz de articular dimensões importantes relacionadas à escolha social, justiça política e desenvolvimento humano. O trabalho de Sen, assim como o de Nussbaum, são riquíssimos em exemplos e aplicações de como usar a abordagem, apesar de que não deixem seus passos registrados de modo sistemático. Será sua influência Aristotélica?

CAPÍTULO 14
ALÉM DA LIBERDADE

O que torna interessante a abordagem das capacitações é a sua dimensão ética. Tanto Sen, quanto Nussbaum resgatam, dentre outras, as tradições Aristotélicas e Kantianas que contestam os fundamentos utilitaristas comumente usados na economia e no desenvolvimento econômico. A superação das amarras *welfaristas* abre as portas do desenvolvimento para a multidimensionalidade e para a interdisciplinaridade. O desenvolvimento ganha assim o adjetivo "humano" porque consegue reorientar suas questões chave para o benefício direto dos seres humanos.

A abordagem das capacitações vai, contudo, mais além, pois nos convida a pensar sobre as motivações humanas, e de maneira mais geral sobre os "sentimentos morais" (expressão utilizada por Adam Smith no seu livro mais querido) das pessoas. A linha de abertura de Smith na sua "Teoria dos Sentimentos Morais" (1976, p. 9) coloca essa perspectiva de maneira muito clara, quando diz

> Até mesmo nas pessoas mais egoístas, existem evidentemente alguns princípios na sua natureza que lhe interessam na sorte dos outros e tornam a felicidade dos demais necessária para elas, embora elas derivem nada dela exceto o prazer de vê-la. Deste tipo é a piedade ou a compaixão, a emoção que nós sentimos pela miséria dos outros quando a vemos ou somos convidados a concebê-la de uma maneira muito vívida.

A pedra-fundamental da abordagem das capacitações é esse pluralismo ético, extrapolado para o debate sobre pluralismo informacional e pluralismo metodológico. Nesse pluralismo ético é interessante como Smith trabalha o conceito de *imaginação ética*, que é importante porque normalmente não temos uma experiência direta do que as outras pessoas sentem. Assim, sempre na melhor das hipóteses, podemos formar apenas uma imagem contra factual do que seria passar pela situação das pessoas se estivéssemos no lugar delas, pois é fisicamente impossível viver a vida das outras pessoas. No entanto, não é impossível ter uma ideia do que elas passam. A imaginação ética depende muito de nossa história pessoal, assim como do realismo ou vivacidade por meio do qual somos levados a contemplar essa possibilidade de estar no lugar das outras pessoas.

Não tenho uma história para contar aqui. Mas não posso deixar de lembrar do meu querido ex-chefe, diretor do *Von Hugel Institute*, no *St Edmund's College*, em Cambridge, o padre Frank Carey, missionário na África por trinta anos, nascido em Liverpool e que voltou à Europa por conta do seu ativismo na campanha de perdão da dívida externa dos países pobres (*Heavily Indebted Poor Country* - HIPC") que foi muito relevante no início desse século. Frank, que faleceu há muitos anos, de volta a sua querida Zâmbia, ficava emocionado, algumas vezes com os olhos em lágrimas, sempre que falava da pobreza na África. Era fácil ele emocionar todos em seu entorno porque víamos que ele sofria, como se estivesse vivenciando naquele momento, a dor da pobreza que narrava. Nunca conheci ninguém como ele. E pelo visto, Adam Smith também não. Por isso, para a maioria de nós, pensar no sofrimento dos demais é um exercício que carrega alguma distância. Isso é normal. Mas não significa que devemos nos resignar.

A linha dos sentimentos morais parece explicar muita coisa. Mas é interessante notar, não apenas no DL, mas ao longo de todo o seu trabalho, como Sen tem uma abordagem muito racionalista. É como se Kant estivesse lhe guiando em algumas de suas considerações, mas permanecesse no *background*, sem aparecer. Como vimos ao longo desse livro, o apelo constante que Sen faz à razão, mesmo se referindo a capacitações básicas, como aquelas que temos "razões" para considerar importantes, chama muito nossa atenção.

Não que Sen negue outros sentimentos morais, pelo contrário, mas o foco é sempre na razão. A rejeição constante de Sen a fórmulas mecânicas de cálculo de bem-estar (apesar de ele ter sido um dos criadores do IDH) pode ser vista como um argumento pró-liberdade. Para ele, assim como para Kant, sem liberdade não há ética.

Em nenhum momento Sen entra em questões epistemológicas,[4] mas a sua ênfase na razão parece seguir a representação kantiana do mundo como uma realidade objetiva, onde as representações subjetivas podem ser distorcidas pelas sensações e realidades posicionais do indivíduo. Tal como Kant, o argumento central desenvolvido por Sen na abordagem das capacitações é a autonomia humana. Mas Sen não elabora a natureza dessa autonomia.

Algumas categorias Senianas de análise, como a da simpatia *versus* compromisso, refletem máximas kantianas de que devemos ajudar outras pessoas em necessidade, não porque nos sentimos bem, mas porque é a coisa certa a se fazer.[5] A crítica que Sen faz ao consequencialismo, retendo, entretanto, a necessidade de que nossas avaliações sejam "sensíveis às consequências" parece parte da missão kantiana de promover o bem maior como unificador das responsabilidades e deveres de todas as pessoas. Apesar de Sen reconhecer constantemente no seu trabalho a influência de Aristóteles, Smith, Rawls e Arrow, parece que o seu foco na categoria de liberdade e autonomia o tornam muito próximo de uma visão de mundo kantiana.

O problema com isso, como sugere Herman (2007) é que, algumas vezes, essa ideia de agência kantiana é muito abstrata, simplificada e sem a riqueza das motivações que permeiam a vida das pessoas e de suas sociedades. As máximas kantianas focadas na formalidade dos princípios, na necessidade do dever e em uma estrutura motivacional que privilegia a razão, deixa muito de fora. O projeto defendido por Herman de "alfabetização moral" propõe uma síntese entre as

---

[4] Diferentemente de Kant que explica que temos um conhecimento *a priori* sobre a estrutura geral do mundo fornecida pelas nossas faculdades cognitivas.
[5] E esta é a coisa certa a fazer porque é uma máxima que pode ser desejada que se torne uma lei universal, usando a linguagem de Kant.

teorias aristotélicas e kantianas que destacam a importância de reconhecermos a habilidade que os indivíduos têm, ou não, de interpretar os fatos morais como uma pré-condição para suas ações morais, individuais e coletivas. A chave para isso é como os desejos das pessoas interagem com seus motivos, sejam eles racionais, ou não. Parte do problema é que muitas vezes os motivos morais das pessoas são originados por situações fortuitas, ocasionais e mesmo circunstanciais, que são ignorados pela teoria kantiana. Isto porque desejos não constituem razões para Kant, uma vez que não necessariamente têm um caráter avaliativo. O foco de Kant na autonomia, faz assim com que outros fatos ou sentimentos morais recebam menor importância.

Mas como podemos ir além desse foco na liberdade e na autonomia em direção à terra prometida do pluralismo ético e motivacional? A boa notícia é que não precisamos procurar muito. Apesar de Sen não trabalhar muito esses pontos, encontramos uma discussão muito rica sobre sentimentos morais no contexto da abordagem das capacitações no trabalho de Martha Nussbaum. De fato, ela trabalha esse ponto no seu primeiro grande livro de relevância para a abordagem das capacitações, o *"Love's Knowledge"*, de 1990. Eu sei (eu sei!) que esse título parece mais o título de um romance do Paulo Coelho, mas de fato é uma análise sobre o papel que a literatura tem em nos fazer pensar sobre os diversos valores e sobre as nossas motivações éticas na vida.

Além disso, é uma bela apresentação da abordagem aristotélica defendida por Nussbaum, na qual é dado um papel especial para o valor epistemológico das emoções. Claro que na ética aristotélica é importante avaliar os detalhes particulares de uma situação para se apreciar sua significância. Quando isso é visto ao longo do tempo, ganha-se uma perspectiva de irreversibilidade na vida, onde algumas coisas e pessoas são simplesmente insubstituíveis. Isto as faz únicas e torna muito mais difícil processar comparações *welfaristas* que transitam facilmente (assumindo comensurabilidade) entre pessoas e objetos diferentes. Nussbaum vê nas emoções, e em particular no amor, uma fonte importante de julgamentos de valor, que pode também lidar com eventos que são imprevisíveis ou incontroláveis.

Uma parte importante do nosso entendimento ético provém de como nós interpretamos as pessoas e suas ações. De fato, viver é interpretar aos outros e por isso quanto mais cultivamos nossa percepção, imaginação do outro e habilidade de resposta, melhor estamos para responder eticamente a altura. A literatura é capaz de colocar-nos em posições que não são nossas na vida real, demandando um esforço ético de reposicionamento às vezes não desprezível. Além disso, a literatura tem o potencial de juntar leitores e de construir consensos éticos.

O interesse de Nussbaum no amor é justificável. O amor é uma das grandes forças motivadoras da vida. Apesar de importante, tanto na vida privada quanto na vida pública,[6] o amor é totalmente ignorado como uma motivação social legítima, sendo essa área ocupada pelo auto interesse e pela competição.

Além disso, tendemos a desprezar tudo aquilo que não conseguimos medir e controlar. O amor, por definição, é tão difícil de medir quanto de controlar. Mas se o amor é importante para a nossa inteligência deliberativa e se é fonte de nossa percepção ética, imaginação ética, conhecimento ético e comunicação ética, não pode ser ignorado.

Conto uma história. Durante muito tempo organizei grupos de leitura não só em Cambridge, mas na UFRGS onde dei aulas por muitos anos. Em geral, esses grupos eram assistidos pelos alunos de pós, muitos orientandos e tinham alguma participação de alunos de graduação. Ao mesmo tempo existia um supergrupo de leitura do qual participei em um projeto com os professores Alfredo Storck, Wladimir Barreto Lisboa, Paulo MacDonald e Sabino Porto e que durante vários anos oscilou entre as leituras de John Rawls e de Amartya Sen. Quase sempre discordávamos no grupo e muitas vezes nos divertíamos (não acho que há outra

---

⁶ Veja os argumentos da economia política da redistribuição, associando o apreço que temos dos pobres a como os estados apoiam ou não regimes de bem-estar social.

palavra a não ser essa) em provocações saudáveis aos colegas que defendiam argumentos contrários. Em vários momentos enfrentamos o embate entre os dois poderes morais de Rawls: racionalidade e razoabilidade. Para Rawls, uma pessoa racional é aquela que consegue ter uma ideia do que é bom para ela e uma pessoa razoável é aquela que consegue desenvolver um senso de justiça e do que deve ser bom para todas pessoas na sociedade. Claro que ser razoável demanda muito mais nesse sentido e muitas vezes especulamos se esse era o pressuposto "fofinho" de Rawls. Uma certa descrença entre alguns participantes desses grupos de leitura e seminários sempre foi interpretada não somente como sinal dos tempos, mas também de como trabalhamos pouco o pluralismo moral nas análises de desenvolvimento e nas ciências correlatas.

A importância do amor perpassa vários livros de Nussbaum, mas talvez nenhum dê tanto protagonismo ao tema como o seu *"Political Emotions:* why love matters for justice", de 2013. Neste livro ela volta a argumentar que nossas emoções não são apenas impulsos, mas que contém valores que têm um julgamento ético e um conteúdo normativo importante.

Seguindo suas raízes aristotélicas, Nussbaum afirma que a mente humana é particularista e que desenvolve elos fortes com suas percepções idiossincráticas, memórias e símbolos que dão às pessoas o sentido da sua própria história. Nussbaum investiga, a partir da obra de vários autores, o que apresentará como o "amor político" e como este é importante para a justiça.

O ponto de toda essa discussão é claro: o desenvolvimento humano não pode ser moralmente neutro. Existe uma falácia da neutralidade moral impetrada pelo conceito de melhoria, ou ótimo de Pareto, que evita os julgamentos de valor e as questões distributivas quando alguns conflitos distributivos podem ser mais do que aparentes. Mas nem todo amor é bom. Veja o caso do amor intenso à pátria. Isso pode levar a conceitos absolutistas de amor, forçando a uma homogeneidade de sentimentos morais e perda de liberdades.   Nesse sentido, esse amor cívico exagerado é incompatível com o pensamento crítico e com noções mínimas de liberdade individual. Por isso, é importante reconhecer que o amor não pode ser imposto; deve deixar o espaço do desacordo e da diversidade preservado.

A pluralidade dos sentimentos morais deve abrir espaço também para a compaixão, que segundo Nussbaum (2013, pp. 142-144), precisa de três partes para ser caracterizada:

> i)	A avaliação de que o problema é sério: isto significa que quem experimenta a compaixão não somente se conecta com a pessoa que está sofrendo, mas reconhece que o problema pelo qual ela passa é importante e que não se trata de algo simples ou trivial;
>
> ii)	O pensamento de que não é culpa da pessoa que sofre: pois é difícil sentir compaixão se pensamos que o sofrimento da pessoa é causado de maneira deliberada pela própria pessoa;
>
> iii)	O pensamento eudaimonista: esse é um julgamento ou pensamento que coloca a pessoa ou as pessoas que sofrem dentro do mundo e do plano de vida daquela pessoa que observa o seu sentimento.

Existem razões entre o amor político e a compaixão que a nossa razão (kantiana) desconhece. Uma perspectiva centrada apenas na liberdade e na realização da autonomia dos indivíduos não deixa claro como o desenvolvimento humano é um projeto que se sonha junto e que se materializa, não como uma obra de agentes individuais, mas de agentes coletivos (ligados cognitiva e emocionalmente).

Gosto muito de uma frase do neurocientista português António Damásio que diz "a razão talvez não seja tão pura como muitos de nós pensamos que é, ou desejaríamos que fosse, e que a emoção poderá não ser, de todo, uma intrusa no baluarte da razão, que, para o que der e vier, faz parte dela" (2011, p. 16). Sendo assim, o pluralismo ético e motivacional defendido por Nussbaum e por Sen deve levar, naturalmente, a uma agenda de pesquisa que incorpora *à la* Smith uma ampla gama de sentimentos morais na discussão do desenvolvimento humano.

O filósofo Harry Frankfurt (2004) defende que quando normalmente falamos de motivos para as nossas condutas é comum que façamos referência àquelas coisas que queremos ou desejamos, mas que é mais preciso e mais explicativo falar daquilo com o qual nós nos importamos (*care about*). Assim, a categoria do "com o que nos importamos" é fundamental para explicar nossas motivações.

É interessante notar que podemos acreditar que alguma coisa tem valor intrínseco (como argumentado tantas vezes por Sen no DL) e mesmo assim não considerar essa coisa importante para a gente. Frankfurt fala do valor intrínseco que encontramos em prazeres triviais, como o de comer um sorvete, mas que não é algo com o qual nos importamos normalmente (não que para uma criança pobre que nunca comeu um sorvete, isso não constitua um evento especial). Essa é uma distinção importantíssima, pois podemos explicar através dela como muitas pessoas reconhecem (racionalmente) o valor intrínseco da educação e mesmo assim isso não significa mecanicamente que elas se importem com ela.

Sen parece assumir que nos importamos com tudo que tem valor intrínseco. Mas, infelizmente, isto não é verdade, pois vemos muito subinvestimento em bens públicos não somente em países em desenvolvimento, mas também em países desenvolvidos.

Mas o que define com que as pessoas se importam? Essa é uma pergunta que está longe de ser respondida no contexto da obra de Sen, apesar de que ele abre as portas de seu marco teórico para o pluralismo enquanto um meta-princípio e acredita que uma vez que as pessoas se importem com as injustiças (uma premissa que aparece em vários de seus livros) podemos focar nossa atenção na construção de consensos através da escolha social.

Mas e se as pessoas não se importam com as injustiças devido as suas motivações de caráter pessoal? Ou se elas se importam de maneira intermitente, de tal forma que não existe o que Frankfurt chama de "continuidade da vontade"? Longe de negar o papel da autonomia, Frankfurt argumenta que "é através da importância que damos às coisas que infundimos o mundo com relevância. Isso nos dá ambições estáveis e preocupações; marca nossos interesses e nossos objetivos" (2004, p. 23). Falta à racionalidade Seniana uma base que explique como juntamos nossas diferentes motivações morais a partir da importância que damos a elas.

Por quê algumas sociedades não dão importância aos seus pobres e aos seus serviços públicos? Por quê desprezam o interesse público? Por quê apenas privilegiam interesses particulares dos "donos do poder"? Como a sua falta de amor pelos demais afeta seus processos cognitivos? Há uma clara agenda aberta de pesquisa aqui, que vai muito além da liberdade e que recai não só sobre os impactos dos bons sentimentos morais como os discutidos acima, mas também sobre os impactos dos maus sentimentos morais, como o medo, ressentimento, culpa ou o ódio.

De fato, um dos últimos livros de Nussbaum, *"The Monarchy of Fear"*, de 2018 trata exatamente do impacto desses sentimentos morais no desenvolvimento e na política. Mas há muito mais que pode ser investigado. Os efeitos do racismo, da divisão étnica, da aporofobia, da criminalidade, como tratam autores como Adela Cortina, no seu livro "Aporofobia" (2020) e Edward Glaeser (2005), no seu trabalho sobre ódio, são importantes não somente para explicar a organização social que antecede ao desenvolvimento humano, mas também o papel dos políticos na invenção das *fake news* e das novas tecnologias usadas para a propagação e a distorção da comunicação social, indispensável para as democracias atuais.

Termino essa discussão e esse livro com uma sequência de pequenas histórias. A primeira vez que ouvi falar de Amartya Sen foi em uma das excelentes aulas de História do Pensamento Econômico que tive o privilégio de ter com o Eduardo Giannetti, quando fazia o mestrado em Economia na USP, isso lá por 1989. Mas foi muito breve. O John Stuart Mill era o grande protagonista nas aulas do Eduardo. O Sen estava lá, mas era um mero coadjuvante. Quando fui fazer o meu mestrado no Departamento de Economia na Universidade de Cambridge (como parte do programa de doutorado) tive aulas com a professora dos professores, a Gay Meeks, cujo curso "Questões filosóficas na economia" me ensinou não somente a pensar nas questões econômicas "fora da caixa", mas me apresentou ao "herói do curso", como ela dizia, ninguém menos que o Amartya Sen.   Muito tempo depois, me vejo na frente do meu chefe de pesquisa, o Frank Carey, que me pergunta "como fazer uma crítica ética a um plano financeiro global para os pobres?" e a figura de Sen, das aulas do Giannetti e da Gay Meeks fizeram com que fosse natural aproveitar o momento extraordinário no qual Sen voltava à Cambridge, como *Master* do *Trinity College*, para convidá-lo para ser o palestrante principal na primeira das sete conferências que tive o privilégio de organizar com ele durante um período de quase quinze anos. O resto é história. Não vou falar aqui sobre o que aconteceu na celebração no departamento de economia de Cambridge do prêmio Nobel de Sen em 1998. Fica para o próximo livro.

REFERÊNCIAS

ACEMOGLOU, D.; ROBINSON, J. *Why Nations Fail*: the origins of power, prosperity and poverty. London: Profile Books, 2012.

ALESINA, A.; E GLAESER, E. *Fighting Poverty in the US and Europe*: a world of difference. Oxford: Oxford University Press, 2004.

ANAND, P.; HUNTER, G.; CARTER, I.; DOWDING, K; GUALA, F.; VAN HEES, M. *The* Development of Capability Indicators. *Journal of Human Development and Capabilities*, vol. 10, n. 1, pp. 125-152, 2009.

ARISTÓTELES. *The Nicomachean Ethics*. Oxford: Oxford University Press. 2009.

ARROW, K. *Social Choice and Individual Values*. Yale University Press, 1963b.

ARROW, K. Uncertainty and the Welfare Economics of Medical Care. *The American Economic Review*, vol. LIII, n. 3, pp. 941-973, 1963a.

BACHA, E. *Os Mitos de uma Década*. São Paulo: Paz e Terra, 1976.

BECKER, Gary. *The Economic Approach to Human Behaviour*. Chicago: University of Chicago Press, 1976.

BERGSON, A. A reformulation of certain aspects of welfare economics. *Quarterly Journal of Economics*, vol. 52, n. 2, pp. 310-334, 1938.

BERLIN, Isaiah. Dois Conceitos de Liberdade.In: *Liberty*. Edited by Henry Hardy. Oxford: Oxford University Press, 2002

BORDIEU, Pierre. *Distinction*. London: Routledge, 1984.

BRUNI. L.; COMIM, F.; PUGNO, M. (Organizadores). *Capabilities and Happiness*. Oxford: Oxford University Press, 2008.

BUCHANAN, J. Social Choice, Democracy, and Free Markets. *Journal of Political Economy*, vol. 62, n. 2, pp. 114-12, 1954.

BYKVIST, K. *Utilitarianism*. London: Continuum, 2010.

CHIAPPERO, E.; SALARDI, P.; SCERVINI, F. From Resources to Functioning: rethinking and measuring conversion rates. In: Comim, F. ; Fennell, S. ; Anand, P.B. (Organizadores). *New Frontiers of the Capability Approach*. Cambridge: Cambridge University Press, 2018.

COMIM, F.: FENNELL, S.; ANAND, P.B. *New Frontiers of the Capability Approach*. Cambridge: Cambridge University Press, 2018.

COMIM, F.; DURAIAPPAH, A; HIRST, T. e LAMBA, D. *There is a better way*. Nairobi: Mazingira Institute, 2003.

COMIM, F.; QIZILBASH, M.; ALKIRE, S. *The Capability Approach:* concepts, measures and applications. Cambridge: Cambridge University Press, 2008.

CORTINA, A. *Aporofobia, A Aversão ao Pobre:* um desafio para a democracia. São Paulo: Editora Contracorrente, 2020.

DAMÁSIO, António. A. N. *O Erro de Descartes*. Lisboa: Temas e Debates, 2011 [edição original de 1996].

DE CONDORCET, A. N. Sketch for a Historical Picture of The Progress of the Human Mind. London: Weidenfeld and Nicolson, 1795, edição de 1795.

DEBREU, Gerard. *A Theory of Value*. Cowles Foundation Monographs Series. Yale: Yale University Pres, 1959.

DRÈZE, J.; SEN, A. *Un Uncertain Glory*: India and Its Contradictions. Princeton: Princeton University Press, 2013.

ELSTER, J. Sour grapes –Utilitarianism and the genesis of wants. In: Sen, A. ; Williams, B. *Utilitarianism and Beyond*. Cambridge: Cambridge University Press, 1982.

Fórum Brasileiro de Segurança Pública. *Atlas da Violência 2020*. São Paulo: IPEA, 2020

FRANKFURT, H. *The Reasons of Love*. Princeton: Princeton University Press, 2004.

FREIRE, Paulo. *Pedagogia do Oprimido*. São Paulo: Paz e Terra, 1968.

GIDDENS, A. *The constitution of society:* Outline of the theory of structuration. Cambridge: Polity Press, 1984.

GILARDONE, M. Rawls's infuence and counter-infuence on Sen: post-welfarism and impartiality. *European Journal of the History of Economic Thought*, vol. 22, n. 2, pp.198-235, 2015.

GLAESER, Edward. The Political Economy of Hatred. *Quarterly Journal of Economics*, v. 120, pp. 45-86.

GOLDING, P.; MIDDLETON, S. *Images of welfare:* press and public attitudes to poverty. Oxford: Martin Robertson, 1982.

HART, Herbert; Hart, H. L. A. Rawls on Liberty and Its Priority, *University of Chicago Law Review*: Vol. 40 : Iss. 3 , Artigo 5, 1973.

HERMAN, B. *Moral Literacy*. Cambridge: Harvard University Press, 2007.

KAHNEMAN, D. *Thinking, Fast and Slow*. London: Penguin Books, 2012.

KANT, I. *Critique of Practical Reason*. Cambridge: Cambridge University Press, 2015

KRISHNAKUMAR, Jaya; NOGALES, Ricardo. Demystifying the use of simultaneous equation models for operationalising the capability approach. In: COMIM, F.: FENNELL, S.; ANAND, P.B. *New Frontiers of the Capability Approach*. Cambridge: Cambridge University Press, pp. 246-272, 2018.

LAMPEDUSA, Giuseppe Tomasi di. *O gattopardo*. London: Vintage Books, 2007 [edição original de 1958].

MALTHUS, Thomas. *An Essay on the Principle of Population and Other Writings*. London: Penguin Books, 1798 [edição 2015].

MEHROTRA, S. *Realising the Demographic Dividend:* policies to achieve inclusive growth in India. Delhi: Cambridge University Press, 2017.

MELTZER, Alan; RICHARD, Scott. A Rational Theory of the Size of the Government, *Journal of Political Economy*, vol. 89, n. 5, pp. 914-927, Out. 1981.

MOKYR, Joel. *Why Ireland Starved:* a quantitative and analytical history of the Irish economy, 1800-1850. Londres: Allen & Unwin, 1983.

MURTHI, Mamta; GUIO, Anne-Catherine; DRÈZE, Jean. *Mortality, Fertility and Gender Bias in India*: a district level analysis. Population and Development Review 21, 1995.

NOZICK, Robert. *Anarchy, State and Utopia*. Cambridge: The Belknap Press, 1974.

NUSSBAUM, M. ; Levmore, S. *Aging Thoughtfully*: conversations about retirement, romance, wrinkles, and regret". NY: Oxford University Press, 2018.

NUSSBAUM, M. *Love's Knowledge:* essays on philosophy and literature. Oxford: Oxford University Press, 1990.

NUSSBAUM, M. *Political Emotions:* why love matters for justice. Cambridge: Belknap Press, 2013.

NUSSBAUM, M. *The Monarchy of Fear*. New York: Simon & Schuster, 2018.

NVSS. *Vital Statistics Rapid Release USA*. 2021. Disponível em < https://www.cdc.gov/nchs/data/vsrr/VSRR10-508.pdf >. Acesso em: 18 abril de 2021.

PIKETTY, T. *Capital and Ideology*. Cambridge: Harvard University Press, 2020.

PIKETTY, T. *Capital in the Twenty-First Century*. Cambridge: Harvard University Press, 1995.

RAWLS, J. *Justice as Fairness:* a restatement. Cambridge: Belknap Press Harvard. Editado por Erin Kelly, 2001.

RAWLS, J. *Political Liberalism*: Expanded Edition. Columbia University Press, 2005.

RAWLS, J. *A Theory of Justice*. Cambridge: The Belknap Press, 1971.

REIS, E. e MOORE, M. (editores) *Elite Perceptions of Poverty & Inequality*. London: ZED books, 2005

ROBEYNS, Ingrid. *Well-Being, Freedom and Social Justice: the capability approach re-examined*. Cambridge: Open Book Publishers, 2017.

SANDEL, Michael. *Justice*: what is the right thing to do? London: Allen Lane, 2009.

SEN, A. The Impossibility of a Paretian Liberal. *Journal of Political Economy*, vol. 78, issue 1, pp. 152-157, 1970.

SEN, A. On Weights and Measures: informational constraints in social welfare analysis. *Econometrica*, vol. 45, n. 7, pp. 1539-1572, 1977a.

SEN, A. Rational Fools: a critique of the behavioral foundations of economic theory. *Philosophy & Public Affairs*, vol. 6, n. 4, pp. 317-344, 1977b.

SEN, A. Informational Analysis of Moral Principles. In: Harrison, R. *Rational Action*. Cambridge: Cambridge University Press, 1979.

SEN, A. Equality of What?. In: *McMurrin S Tanner Lectures on Human Values*. Volume 1. Cambridge: Cambridge University Press, 1980.

SEN, A. *Poverty and Famines:* an essay on entitlement and deprivation. Oxford: Oxford University Press, 1981.

SEN, A. Rights and Agency. *Philosophy & Public Affairs*, vol. 11, n. 1, pp.3-39, 1982.

SEN, A. Well-being, agency and freedom: the Dewy lectures 1984. *The Journal of Philosophy*, vol. 82, n. 4, pp. 169-221, 1985a.

SEN, A. Commodities and Capabilities. Amsterdam: North-Holland, 1985b.

SEN, A. More Than 100 Million Women Are Missing. *New York Review of Books*. 37 (20), 1991.

SEN, A. *Inequality Re-examined*. Oxford: Oxford University Press,1992b.

SEN, A. *Development as Freedom*. Oxford: Oxford University Press, 1999.

SEN, A. *Rationality and Freedom*. Cambridge: Harvard University Press, 2002.

SEN, A. *The Argumentative Indian*: writings on Indian history, culture and identity. New York: St Martin's Press, 2006.

SEN, A. *Identity and Violence*: the illusion of destiny. London: Penguin, 2007.

SEN, A. *The Idea of Justice*. Cambridge: Allen Lane & Harvard University Press, 2009.

SEN, A.; Drèze, J. *An Uncertain Glory:* India and its Contradictions. Penguin Random House UK, 2013.

SEN, A. *Collective Choice and Social Welfare*: expanded edition. London: Penguin, 2017.

SMART, J.; WILLIAMS, B. *Utilitarianism For & Against*. Cambridge: Cambridge University Press, 1973.

SMITH, A. A Riqueza das nações. In: *An Inquiry into the Nature and Causes of the Wealth of Nations*. Oxford: Clarendon Press, 1776 [edição de 1976].

Smith, A. *The Theory of Moral Sentiments*. Indianapolis: Liberty Fund, 1976.

UNDP. Human Development Report 2006. *Beyond Scarcity:* power, poverty and the global water crisis. New York: UNDP, 2006.

UNDP. Human Development Report 2020. *The Next Frontier:* Human Development and the Anthropocene. New York: UNDP, 2020.

WAAL, Frans de. *moral behavior in animals*. Youtube. TEDeX. 2011. Disponível em: <https://www.ted.com/talks/frans_de_waal_moral_behavior_in_animals?language=en#t-1543 >. Acesso em: 18 abril de 2021.